철학의 쓸모

철학의 쓸모

초판 1쇄 인쇄 2016년 12월 12일
초판 1쇄 발행 2016년 12월 19일

지은이 김경윤

펴낸이 이상순
주간 서인찬
편집장 박윤주
제작이사 이상광
기획편집 한나비, 김한솔
디자인 유영준, 이민정
마케팅 홍보 이병구, 김수현
경영지원 오은애

펴낸곳 (주)도서출판 아름다운사람들
주소 (413-756) 경기도 파주시 회동길 103
대표전화 (031) 955-1001 **팩스** (031) 955-1083
이메일 books777@naver.com
홈페이지 www.books114.net

생각의길은 (주)도서출판 아름다운사람들의 인문 브랜드입니다.

파본은 구입하신 서점에서 교환해 드립니다.
이 책은 저작권법에 의하여 보호를 받는 저작물이므로 무단 전재와 복제를 금합니다.

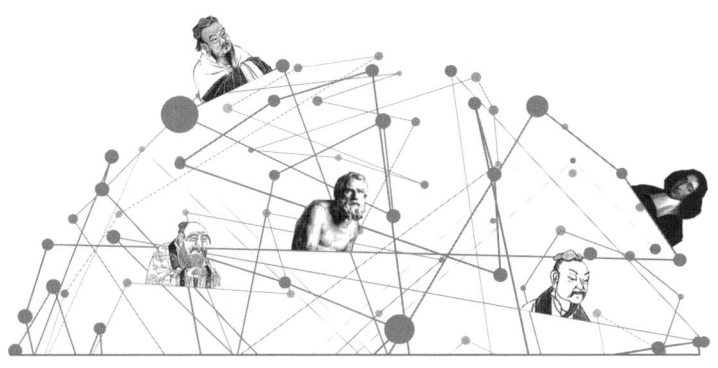

철학의 쓸모

김경윤 지음

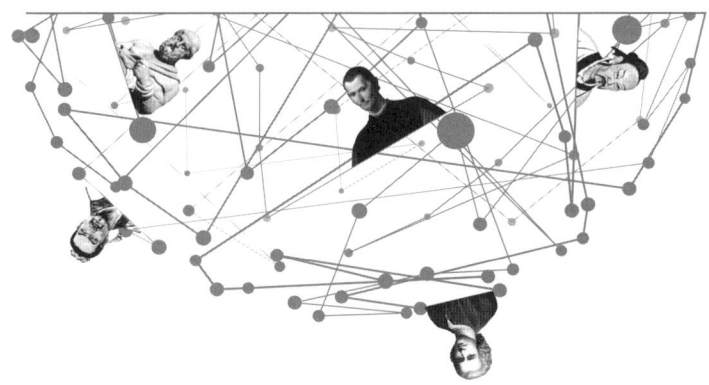

정치적 무관심의 대가는
자기보다 못한 사람의 지배를 받는 것이다.

-플라톤-

들어가며

여행을 하다가 앞길이 막히면 궁금증이 생깁니다. 왜 막히지?
사랑을 하다가 실패하면 묻습니다. 왜 실패했지?
공부를 하다가 좌절하면 묻습니다. 왜 안 되지?
살다가 의미를 잃으면 묻습니다. 왜 살지?

길이 잘 뚫리면, 사랑에 들떠 있으면, 공부가 잘되면, 잘 살고 있으면 물음이 필요 없습니다. 그냥 하면 됩니다. 하지만 가던 길 막히면, 사랑이 떠나가면, 공부가 안 되면, 인생의 의미를 잃으면 물음이 시작됩니다. 철학의 시작입니다.

그러면 철학의 끝은 답 찾기일까요? 만약에 철학의 끝이 답 찾기라면, 철학은 이미 완성되었을지 모릅니다. 하지만 유구한 서양철학의 전통을 살펴보면, 질문의 대가인 고대의 소크라테스부터 다시 "철학이란 무엇인가?"라는 질문을 던진 현대철학자 질 들뢰즈에 이르기까지 질문에서 시작해서, 다시 질문으로 이어집니다. 심지어 동양의 공자 역시 "내가 아는 것이 있느냐? 나는 아는 것이 없다."라고 무지를 고백했고, "아랫사람에게 묻는 것을 부끄러워하지 않는다."라고 고백할 만큼 물음을 중요시했습니다. 물음이야말로 철학의 본령이 아닐까 싶을 정도입니다.

그런 의미에서 철학은 해결책이 아닙니다. 물음이 끝나는 곳에서 철학의 꽃이 피는 것이 아니라 물음이 시작되는 곳에서 철학은 발원합니다. 그리하여 철학은 물음입니다. 좋은 답을 얻는 것이 철학이 아니라, 잘 묻는 것이 철학입니다.

그러면 철학의 쓸모는 무엇일까요? 너무나 당연히도 철학의 쓸모는 물음이고 의문입니다. 철학은 상식의 확인이 아닙니다. 다수가 동의하는 것을 따르는 합의도 아닙니다. 차라리 철학은 상식에 대한 반격이고, 다수결에 대한 의문이며, 진리에 대한 회의입니다. 이 물음의 대상에서 권력도, 재력도, 심지어 진리도 벗어날 수 없습니다. 모든 것을 의심하고, 모든 것에 질문할 수 있는 것이 철학입니다. 그래서 철학은 아무런 권력도 없으나 권력자에게 가장 큰 위협이 되고, 아무런 재력이 없으나 재력가의 근본을 뒤흔들기도 합니다. 진리의 담지자라 자부하는 종교도 철학의 물음을 벗어날 수 없습니다. 물음 외에는 아무것도 없기에 모든 것을 두렵게 만드는 것이 철학입니다.

물음을 억압하는 것을 독재라고 합니다. 단 하나의 진리만이 용인되고, 단 하나의 정답을 찾아야 인정받는 사회를 독재 사회라고 합니다. 이 독재는 정치적 영역에만 적용되는 것이 아닙니다. 모든 가치가 돈으로 환원되는 자본주의 시스템도 독재입니다. 학생들을 옥죄는 시험 제도와 입시 제도로 유지되는 학교 시스템도 독재입니다. 타종교를 용인하지 않고 자신의 종교만을 구원의 도구로 삼는 일부 종교 시스템도 독재입니다. 타민족을 배척하고 자신의 민족을 최고로 여기는 민족주의도 독재입니다. 물음이 사라진 곳에 독재의 독버섯이 자랍니다. 물음이 넘치는 곳에 민주주의의 꽃이 핍니다. 물음이 필요 없는 세상이라면 철학은 아무짝에도 쓸모없습니다. 그러나 물음이 필요한 세상이라면, 철학은 필수불가결입니다. 철학의 쓸모는 바로 여기에 있습니다.

비록 현실은 팍팍하지만, 아니 현실이 팍팍하기에 우리의 물음은 더욱 절실합니다. 우리가 힘든 시간을 쪼개가며 철학책을 읽고 사랑하는 마음으로 서로의 지혜를 나누며 새로운 물음을 제기했던 것도, 현실 속에서 살아가기 위한 또 다른 힘을 얻고 싶었기 때문입니다.

이번에 같이 읽을 철학자들은 동양에서는 춘추 전국 시대의 공자, 맹자, 노자, 장자, 한비자입니다. 유가(儒家), 도가(道家), 법가(法家)를 대표하는 사상가들이지요. 그리고 서양에서는 플라톤, 루소, 스피노자, 디오게네스, 마키아벨리가 등장합니다. 동양과 서양철학자들을 비교하는 방식으로 다루었습니다.

위에서 언급한 철학자들이 동서양철학사를 통틀어 가장 대표적인 인물이라고 말하기는 어렵지만, 다섯 개의 주제를 다루기에는 부족함이 없는 인물이라고 생각합니다. 그리고 우리가 살고 있는 시대를 비추는 거울로도 충분히 가치가 있는 인물입니다. 어차피 목표는 과거의 거울을 통해 현재를 비춰보고, 우리의 미래를 꿈꿔보는 것이니까요. 그래서 때로는 그들에게 존경을 표하기도 하고 그에 못지않은 비판적 시선을 견지했습니다.

여러분이 앞으로 보게 될 내용은 일산 대화동에 있는 사과나무치과병원에서 10차례에 걸쳐 진행된 강의 〈동서양 철학자와 만남〉에서 이야기한 것들입니다. 5개월에 걸쳐 격주로 진행되었던 이 강의는 경기케이블(C&M)을 통해 방영이 된 바 있습니다. 많은 분들이 이 강의에 참석하여 우정을 나누었습니다. 강의를 하는 사람이나 강의를 듣는 사람이나 모두 같은 시대를 살아가는 길동무입니다. 불가에서는 이 길동무를 '도반(道伴)'이라고 부르지요. 저는 이 강의를 통해 많은 도반들과 함께 웃고 즐기기도 했고, 우리 시대를 아파하며 안타까운 마음을 나누기도 했습니다.

책의 형식은 강의를 옮겨 쓴 것처럼 편안한 구어체를 선택했습니다. 마치 강의장에 있는 것 같은 현장감을 느낄 수 있을 것입니다. 강의라는 특성상 논리적 정합성보다는 상황적 현장성이 더 강조될 수밖에 없었습니다. 강의록을 보니 중복된 내용도 있고, 시간 관계상 부족한 부분도 있었습니다. 그러한 부분은 빼거나 더하는 작업을 통해서 보충했습니다.

이 책을 팍팍한 현실 속에서도 새로운 희망을 찾고자 하는 모든 세대에게 보냅니다. 특히 청소년들과 청년들이 많이 읽었으면 좋겠습니다. 나와 동시대인이자, 나보다 더 사랑과 지혜가 필요할 테니까요. 그들과 함께 이 책을 읽으며 교실에서, 도서관에서, 카페에서 많은 이야기를 함께 나누고 싶습니다.

마지막으로 이 책이 나오기 위해 강의를 듣고, 자청해서 강의초록을 작성해준 길동무들에게 감사의 말을 전합니다. 여러 곳에서 제 강의를 들어주고, 제 책을 읽어준 길동무들에게도 감사합니다. 여러분들이 아니었다면, 강의나 책 쓰기는 불가능했을 것입니다. 앞으로도 함께 걸어가야 할 길이 많이 남아있으니, 다들 건강하시고 웃는 모습으로 다시 만납시다. 함께 가는 길 즐겁게 갑시다.

자유청소년도서관에서
김경윤

차례

들어가며
5

제1강
차라리 당당한 소인이 낫다
- 공자와 플라톤에 관하여
13

제2강
적어도 괴물은 되지 말자
- 맹자와 루소에 관하여
65

제3강

영원한 물음, 신은 존재할까?
- 노자와 스피노자에 관하여

113

제4강

소유의 삶, 무소유의 삶
- 장자와 디오게네스에 관하여

161

제5강

정의로운 욕망은 없는가?
- 한비자와 마키아벨리에 관하여

209

| 제1강 |

차라리 당당한 소인이 낫다
- 공자와 플라톤에 관하여

오늘날 정치 영역에서 일반적인 국민이 자신의 주권을 행사하는 일은 투표할 때를 제외하고는 별로 없지요. 그렇게 투표해서 뽑아놓은 정치인들은 대부분 일류 대학이나 일류 기업 출신의 지식인이거나 많은 재산을 소유한 부자들, 기존에 권력을 누리고 있었던 권력자들일 가능성이 매우 높지요.
더 이상 우리의 운명을 탁월(?)하지도 않고 타락한 자칭 소수 귀족에게 맡기는 것이 아니라, 우리가 힘을 합쳐 집단 지성의 힘으로 사회를 변화시켜 나가야 하지 않을까요? 각 개인의 힘은 비록 작지만, 개인의 힘이 합쳐지면 거대한 힘으로 작동할 수 있음을 직접 보여주는, 차라리 당당한 소인이 되는 것이 더 낫지 않을까요.

청소년이나 청년에게 정치는 마치 딴 나라 이야기거나 자신과는 관련이 없는 이야기처럼 느껴지기도 할 것입니다. 여러 이유가 있겠지만 우리가 목격하는 정치인들의 삶이 그리 귀감이 되지 않는 것이 가장 큰 이유가 아닐까요? 젊은이들에게서 정치적 무관심 혹은 정치 혐오까지도 종종 감지합니다. 그때마다 기성세대의 일원으로서 미안한 마음을 떨칠 수가 없습니다. 하지만 "정치적 무관심의 대가는 자기보다 못한 사람들의 통치를 받는 것이다."라는 플라톤의 말마따나 정치는 외면하고 싶다고 외면해도 되는 것이 아니라, 나이와 관계없이 자신에게 어울리는 정치를 실천해야 하는 것이기에 첫 번째 이야기의 주제는 '정치'입니다.

인류의 위대한 교사이며 철학자이자 정치가를 꼽는다면 분명 동양의 공자와 서양의 플라톤을 선택할 것입니다. 공자는 오랜 역사 속에서 중국을 넘어 아시아, 현재는 서양에도 널리 알려졌고요. 플라톤은 굳이 화이트헤드의 "서양철학의 역사는 플라톤의 각주"라는 말을 상기

시키지 않는다고 하더라도 너무나도 유명한 인물이지요. 그러니 첫 번째 자리에 그들을 초대하는 것이 어쩌면 의무처럼 느껴지기도 합니다. 한편 현재적 관점에서 이런 질문을 던지고 싶은 인물이기도 합니다.

"과연 이들은 성공한 정치가였을까?"

위대한 교사이며 철학자이자 정치가라고 한껏 띄워놓고 이렇게 불온한 질문을 던지는 것 자체가 모순이지만, "나는 의심한다, 고로 존재한다."고 데카르트가 말했듯 인간은 의심하는 동물이고, 의심해야 존재가 증명되는 동물이니, 의심 섞인 질문을 던져보는 것도 의미 있는 일이지요. 기실 철학의 첫 번째 쓸모는 '의심'이니까요.

이 질문에 성실하게 답하기 위해서라도 우선은 그들의 생애와 사상을 찬찬히 살펴볼 필요가 있을 것 같습니다. 공자부터 출발하겠습니다.

공자의 시대 - 춘추 전국 시대

어떤 철학자든 그의 철학은 하늘에서 뚝 떨어진 것이 아니라 저마다의 탄생 배경이 있습니다. 그래서 시대적 배경을 알지 못하면 어떤 맥

락에서 그 철학이 나왔는지를 알 수 없지요. 그래서 먼저 우리에게 친숙한 동양의 공자(孔子, 기원전 551~479년)가 태어난 시대를 살펴보려고 합니다.

공자의 시대를 춘추 전국 시대(春秋戰國時代, 기원전 770~221년)라고 합니다. 더 정확히 말하면 공자는 춘추 시대(春秋時代, 기원전 770~403년) 말 사람입니다. 공자는 춘추 시대를 천하무도(天下無道)의 시대라고 표현하기도 했습니다. 온 천하에 도(道)라고는 찾아볼 수 없는 난장판의 시대였다고 보았던 것이지요. 왜 그런가 하면 중국의 중심이었던 주(周)나라의 질서가 완전히 붕괴되고, 모든 나라들이 지각 변동을 일으키는 시대였거든요. 소련이 붕괴되자 그 밑에 있던 모든 나라들이 독립하면서 분열되었던 것과 유사합니다. 그렇게 분열되면서 각각의 나라들이 부국강병책을 펴 나가던 시대에 태어났던 사람이 바로 공자입니다.

먼저 주(周)나라에 대해서 좀 살펴볼 필요가 있습니다. 주나라는 은(殷)나라 마지막 왕인 주(紂)의 폭정에 저항했던, 은나라의 지배를 받고 있던 신하의 나라였어요. 은나라의 제후국이었던 주나라가, 다른 나라들과 강태공(姜太公)의 강(姜)족과 연합해서 자신의 군주국에 쳐들어간 것이죠. 역성혁명, 한마디로 쿠데타를 일으켰습니다.

주나라가 은나라를 몰락시키고 전국의 패권을 장악하게 되면서 주나라는 새로운 패자로 등극하게 되는데요. 이렇게 중국을 장악했지만, 그 권력이 강대하지는 않아서 매우 위태로운 상황이었습니다. 비록 은나라 정복에는 성공했어도, 자신과 함께한 다른 나라들을 다시 무력으로 정복할 수는 없는 상황이었지요. 마땅한 명분이 없었습니다. 그래서 주나라는 자신을 중심 국가로 세우되, 다른 나라들과 평화로운 관계를 유지할 수 있는 제도를 만듭니다. 그것이 바로 종법(宗法) 제도와 봉건(封建) 제도입니다.

 종법 제도가 권력의 계승과 관련된 제도라면, 봉건 제도는 권력의 분할(더 정확히 표현하면 토지의 분할)과 관련된 제도입니다. 이를 쉽게 설명하자면, 왕이 자기 첫 번째 아들에게 왕위를 계승하도록 하고 나머지 아들에게는 변방에 성 하나를 만들어서 주는 겁니다. 가까이 있으면 권력 다툼이 일어날 테니까요. 그렇게 해서 자기 피붙이 또는 나라를 세우는 데 큰 공로를 세운 사람들에게도 땅덩어리 하나씩을 물려주지요. 그러니까 지배 세력들끼리 굉장히 가까운 사이인 거죠. 그렇게 어느 지역에 두 번째 왕자가 내려갔다 하면 그 두 번째 왕자가 제후국의 제후가 됩니다. 그러면 이 제후의 많은 자식 중에 또 그 첫 번째 아들만 제후가 되고 나머지 자식들은 그 통치 지역의 변방으로 내보냅니다. 그렇게 통치 영역을 분할하면서 장자 계승의 원칙을 지켜 나가는 것이죠. 중국 전역을 그런 식으로 분할 통치하면서 지배 계급을 혈연으로 연결되게 만드는 것입니다. 사방을 둘러봐도 자기 식구, 자기편이 되는 것이지요. 그래서 그들에게 사랑과 은혜를 베풀면 그들은 전쟁 때 군사를 동원해서 힘을 보태고, 전쟁이 끝나면 세금을 바쳤습니다. 이렇게 엄청난 대가족이 공동체를 이뤄가면서 거대한 중국 땅을 분할 통치하는 제도가 봉건 제도였습니다. 그래서 처음에 만들어졌을 때는 가족 통치이기 때문에 별 문제가 없습니다. 전부 다 한 피 걸러 한 피 친척이니까요.

그러나 세월이 흘러 일대 이대 삼대가 지나다 보면 피가 묽어집니다. 잡스러운 피도 좀 섞이면서 이 피가 저 피인지, 저 피가 이 피인지 모르게 되지요. 길바닥에서 만나 싸우게 되어도 친척인지도 모르고 싸우는 경우가 있듯이요.

이렇게 혼란이 가중되면서 가장 문제가 되는 것은 전쟁에 대한 대비가 약하다는 것이었습니다. 주나라의 권력 역시 점점 약화되지요. 그러다가 서쪽 오랑캐가 침범해 주나라의 수도인 호경이 불타버리고 왕도 죽임을 당하게 됩니다. 그래서 수도를 더 안전한 동쪽의 내륙 지역인 낙읍으로 옮기게 됩니다. 이른바 동주(東周) 시대를 맞이하게 되지요. 주나라에 무조건적으로 충성을 바쳤던 신하 국가들은 그때부터 이상한 기운을 감지하기 시작했습니다. 중심 국가가 힘이 센 줄 알았더니 생각보다 힘이 약하니까요. '그럼 무엇하러 주나라에다 세금을 바치고 충성을 바치나?' 이런 생각을 하게 된 것이지요. 이렇듯 서쪽에서 동쪽으로 수도를 옮기면서 권력의 공백이 생기고, 제후국들의 충성도가 급격하게 떨어지게 됩니다. 그러면서 제후국들은 각각 독립을 꿈꾸기 시작합니다. '내가 이 나라를 다 차지할 수도 있겠구나' 하는 야망도 갖게 되지요. 아수라장이 될 게 불 보듯 뻔했습니다. 하지만 아직까지는 주나라가 망하지 않았습니다. 주나라가 망하지 않고 세력이 남아 있던 시대, 질서가 혼란스럽긴 하나 질서의 중심이 완전히 무너지지는 않은 시대가 바로 춘추 시대(春秋時代)입니다. 그러한 춘추 시대 말에 공자가 태어난 것입니다.

그에 반해 전국 시대(戰國時代)는 말 그대로 '전쟁하는 나라'입니다. 질서가 완전히 붕괴되었지요. 춘추 시대만 하더라도 전쟁 양상이 굉장히 신사적이었습니다. 전쟁도 어디서 만나자, 얼마의 규모로 만나자, 어떻게 싸우자 등 약속을 하고 벌였습니다. 그래서 전쟁이 벌어져도 하루가 지나지 않아 끝나곤 했지요. 그런데 전국 시대가 되면서 평야가 아니라 적국에 직접 들어가서 싸우기 시작합니다. 규모도 엄청나고 전쟁 기간도 길어지지요. 맹자의 표현에 따르면 시체가 산을 이루고 피가 바다를 이루는 전쟁을 벌인 시대라고 합니다. (전국 시대 이야기는 뒤에서 맹자를 다룰 때 자세히 이야기하겠습니다.)

공자는 춘추 시대에 노(魯)나라에서 태어났습니다. 노나라가 세워진 것은 주공(周公) 덕분이지요. 주나라가 은나라를 멸망시키고 중국을 장악한 것은 무왕(武王) 시대였지만, 주나라의 제도를 정비하고 주나라를 안정화시킬 수 있었던 것은 주공이라는 탁월한 인물 덕이었습니다. 주공은 자신의 형제인 무왕이 죽자, 무왕의 아들인 어린 성왕이 성장하여 정상적으로 왕위에 오를 때까지 곁에서 그를 보필하며 주나라를 지켰어요. 신하의 신분을 지키면서 자신의 조카를 보호하는 아주 훌륭하고 충성스러운 신하의 역할을 다했습니다. 이런 주공의 충성스러움에 감동해 주공의 후예들에게 준 나라가 바로 노나라입니다. 그런 의미에서 공자가 태어난 나라는 주나라의 예법이 살아 있는, 뼈대 있는 나라라고 할 수 있지요.

그렇지만 공자 시대의 노나라는 문제가 많았습니다. 노나라는 제후가 다스려야 하는데 제후가 실권을 장악하지 못했던 것이지요. 통치자는 있으나 실권이 없고, 그 지역에 있는 토호들인 세 명의 대부와 그 세력이 노나라를 장악하고 있었습니다. 그 세 대부의 성씨가 맹손씨, 숙손씨, 계손씨입니다. 노나라는 이 세 대부들과 그의 가신들이 실제로 나라 전체를 좌지우지하는 꼴이 됩니다.

이렇듯 공자가 태어나고 활동했던 시기는 중국에서 굉장히 혼란스러웠던 시기이자 왕이 왕 노릇을 못하고 제후도 제후 노릇을 못하는, 모두 각자도생의 길을 도모하는 시대였다고 할 수 있습니다.

소크라테스와 플라톤의 시대 – 아테네 쇠퇴기

이번에는 서양으로 건너가서 플라톤(Plato, 기원전 427~347년)의 아테네로 가보겠습니다. 플라톤의 시기와 공자의 시기는 100여 년 정도 차이가 납니다. 여러분 〈300〉이라는 영화 보셨나요? 이 영화의 첫 편을 보면 크세르크세스 왕이 이끄는 페르시아 제국이 스파르타를 도발하고, 스파르타의 레오니다스 왕이 이에 맞서 전쟁을 하려고 합니다. 그런데 귀족들이 전쟁을 반대하지요. 결국 레오니다스 왕은 정예의 용사 300명만을 데리고 출전하게 됩니다. 페르시아는 100만 대군을 이끌고 쳐들어오는데, 스파르타는 고작 300명으로 맞서는 꼴이지요. 기원전 480년에 일어난 이 테르모필레 전투는, 이후 페르시아 전쟁에서 승패의 분수령이 됩니다. 물론 이 전투의 결과 스파르타의 레오니다스 왕을 비롯해 그의 전사들 전원이 전사하지만, 그들의 영웅적인 전투 덕분에 그리스 함대는 무사히 퇴각하여 다음 전투를 준비할 수 있는 기회를 잡게 되지요.

그렇게 스파르타의 왕이 죽고 나자 함께 응전하지 못했던 다른 나라에서는 창피하기도 하고, 두렵기도 했습니다. 페르시아라는 나라가 스파르타를 공격하는 양상이 너무 잔인하니까요. 씨도 안 남기고 죽여버리니, 자기 나라의 운명도 위험하겠다는 생각을 했습니다.

그래서 아테네를 중심으로 그리스 연합군을 만들어 페르시아와 해전을 치르게 됩니다. 승승장구하는 페르시아 군과 보잘 것 없는 해군들을 수습하여 출전한 아테네 중심의 그리스 연합군의 싸움은, 전력 면에서 페르시아가 훨씬 유리한 상황이었습니다. 페르시아군은 800척의 대형 갤리선을 보유하고 있었지만 그리스 연합군은 370여 척의 소형 갤리선을 가지고 있었을 뿐이었지요. 페르시아는 이 해전을 통해

지중해 전 지역을 정복하려는 계획을 가지고 있었습니다. 그런데 웬걸, 그리스 연합군이 페르시아와 살라미스 해협에서 치른 해전에서 기적처럼 페르시아군을 대파한 것입니다. 이 유명한 전투가 바로 살라미스 해전입니다. 페르시아는 눈물을 머금고 후퇴할 수밖에 없었고, 얼마간 그리스 지역에 평화가 찾아왔지요. 그 결과 스파르타와 더불어 도시 국가인 폴리스 중 하나에 불과했던 아테네가 일약 지중해의 패자로 등장하게 됩니다.

아테네는 페르시아의 도발을 막기 위해 지중해 주변 도시 국가들과 기원전 478년에 델로스 동맹을 맺고 페리클레스 통치 아래 민주 정치의 꽃을 피우게 됩니다. 약 50년쯤 이어진 이 시기에 아테네는 경제적 번영을 이루고, 학문과 예술의 중심지가 되는 황금시대를 누렸습니다. '아테네 제국 시대'라고도 불리는 이 시기에 아테네는 주변 동맹 국가들에 동맹 기금을 강요하고 정치적으로 절대적 힘을 행사했습니다.

그리고 아테네의 지나친 성장과 독선적 행위에 불만을 품은 나라들이 하나둘 생겨납니다. 이 나라들은 회의를 열어 펠로폰네소스 동맹을 결성하고 아테네와의 전쟁을 결의하지요. 그러니까 스파르타를 중심으로 한 펠로폰네소스 동맹과 아테네를 중심으로 한 델로스 동맹 사이에 전쟁이 벌어진 겁니다. 무려 27년 동안이나 싸웠던 이 전쟁이 바로 펠로폰네소스 전쟁(기원전 431~404년)입니다. 누가 이겼을까요? 엎치락뒤치락했지만 결과를 말하자면, 스파르타가 승리합니다. 패전국이었던 아테네는 함대를 스파르타에게 인도하고, 델로스 동맹을 해

산합니다. 그리고 아테네의 민주 정치가 후퇴하면서 '30인 정치(과두 정치)'를 수립하게 되지요. 이후로 아테네는 다시 민주 정치를 회복하지만 오래가지 못하고 마케도니아에 정복당하여 쇠퇴의 역사를 걷습니다.

이 모든 시기가 바로 플라톤과 그의 스승인 소크라테스(Socrates, 기원전 470?~399년)가 활동했던 시기입니다. 아테네 제국 시대에 아테네가 모든 상권, 정치 권력의 중심이 되자 해외에서 활동하던 지식인들이 하나둘 아테네로 들어옵니다. 그 사람들을 일컬어 소피스트(sophist)라고 부릅니다. '소피(sophy)'라는 말 자체가 '지혜'라는 뜻입니다. 그야말로 최고의 지식인들이 아테네로 다 모이지요. 바로 이때 아테네에서는 민주주의의 부흥기가 시작됩니다. 옛날에는 귀족들만 정치를 했지만 새로 생겨난 세력들에 의해 어중이떠중이 할 것 없이 모두가 정치 일선에 참여하기 시작합니다. 귀족의 정치에서 이제는 민주주의라고 하는, 정말 굉장히 드문, 당시로서는 아테네만이 할 수 있는 정치 체제를 실험했던 것이지요. 그래서 아테네 시민이면 누구나 다 정치가가 될 수 있었습니다. 실제로 재판을 할 때면 아테네 시민 중에서 추첨을 통해 재판을 할 사람을 뽑았습니다. 그 정도로 자신만만한 거죠. 그렇게 되니 시민들 역시 스스로 교양을 쌓을 필요를 느꼈습니다. 그러니까 사람들이 어떻게든 교양을 쌓기 위해 돈을 들여서라도 배우려 했지요. 출세의 길을 찾아 아테네로 온 소피스트들에게, 토론하는 방법과 논쟁하는 방법, 재판에서 이길 수 있는 방법에서부터 정치 토론장에서는 어떻게 해야 이길 수 있는지 등의 지식을 배웠습니다. 이렇게 과학과 문화, 정치, 경제 등 모든 것이 꽃을 피우던 그 시기에 소크라테스가 활동합니다.

소크라테스의 죽음

그런데 문제는 소크라테스가 그 민주주의에 의한 재판을 통해 사형당했다는 겁니다. 굉장히 큰 사건이지요. 소크라테스는 아테네 본토 사람이거든요. 아테네에서 태어나, 아테네를 벗어나본 적이 거의 없습니다. 그는 만나는 사람마다 진지하게 대화를 나누었지만, 정치적으로는 민주주의자가 아니었습니다. 소크라테스는 모든 사람이 다 지혜를 가질 수 없다고 생각했어요. 비유컨대 악기를 잘 다루는 사람이 연주를 해야 하듯이, 지혜를 가진 사람이 정치를 해야 한다고 생각했지요. 지혜를 가진 사람은 소수에 불과하다고 생각한 소크라테스는 다수의 대중이 다스리는 민주주의 정치보다는 소수가 다수를 다스리는 귀족 정치를 옹호했습니다. 그런데 당시의 대세는 귀족주의가 아니라 민주주의였습니다. 그러니까 소크라테스는 민주주의를 수호하려는 사람 입장에서 보자면 참 귀찮은 인물이었던 것이죠. 그래서 결국 재판을 통해 소크라테스가 사형을 당하게 되는 겁니다.

한편 소크라테스의 죽음에는 또 다른 정치적 측면도 있어요. 페르시아와의 전쟁에서 이긴 아테네가 델로스 동맹으로 그리스의 패권을 장악하자, 이에 불만을 품은 스파르타와 주변 국가들이 펠로폰네소스 동맹을 맺고 아테네와 전쟁을 벌였다는 이야기는 앞서 드렸지요. 그 전쟁에서 스파르타가 승리하고 아테네에 친(親) 스파르타 정권을 세웠습니다. 마치 미국이 이라크를 침공하고 나서 기존 이라크 권력자들을 다 날려버리고 자기들의 입맛에 맞는 친미파들을 그 자리에 앉히는 것처럼, 실제로 친 스파르타 귀족들을 앞세워서 정치를 하는 거죠. 생각해보세요. 마치 일본강점기 시대 때 친일파 권력이 세워진 것과 같습니다. 이 친 스파르타 과두 정권이 아테네 시민들로서는 굉장히 불쾌한 대상이었습니다. 그런데 그 권력자 중에는 소크라테스와 친분이 있는 사람들이 많았어요. 이 정권이 얼마 후 실권을 하자 다시 아테네 민주주의 세력이 정권을 장악하게 되었던 거죠. 이제 느낌이 오시나요. 소크라테스 주변인들이 장악한 과두 정권이 무너지고 민주주의가 등장하면서, 소크라테스를 살려둘 수 있는 상황이 아니었던 거죠. 그래서 소크라테스가 제거됩니다. 그런 후에 민주주의가 활짝 꽃피느냐, 그것도 아니에요. 민주주의가 꽃필 것 같더니 몰락해버려서 거의 일인 독재, 참주 정치가 되는 상황이 오는 것이죠.

이 복잡한 과정을 소크라테스 주변에서 몸소 겪었던 사람이 플라톤입니다. 자기 스승이 어떤 식으로 활동했고, 어떤 식으로 죽임을 당했으며, 그 이후에 아테네가 어떻게 변질되었는지, 결국은 참주의 손에 아테네가 어떻게 넘어갔는지, 이것들을 모두 일일이 경험했지요. 그런 플라톤의 경험을 모른 채로 플라톤의 《국가》를 보면, 미쳤다고 생각할 정도로 과격한 내용들이 많습니다. 그런데 플라톤이 겪었을 경험을 바탕으로 유추해보면 그런 주장도 충분히 가능했을거라는 생각을 할 수가 있어요.

지금까지 우리는 공자와 소크라테스와 플라톤의 시대 상황을 대략적으로 살펴보았습니다. 일종의 배경사라 할 수 있는데요. 지금부터는 구체적으로 사람에 포인트를 맞춰보려고 합니다. 다시 중국으로 넘어갑니다. 공자입니다.

서자로 태어난 공자

공자의 아버지는 대부(大夫)의 신분이었습니다. 귀족이었다는 말이지요. 하지만 그 밑에서 서자로 태어난 공자는 대부가 아닙니다. 대부의 적장자(본처의 맏아들)만이 대부의 지위를 계승하고, 나머지 자식들은 사(士) 계급이 되지요. 선비라 해석되는 사(士)! 문제는 대부까지가 귀족이고, 사(士) 계급부터는 평민이라는 점입니다.

우리가 조선조 때 통치 계급을 사대부(士大夫)라고 말하지요. 그건 이 사(士)와 대부(大夫)를 합친 말입니다. 이 사대부가 조선 시대에는 귀족 계급에 해당하지요. 하지만 공자의 시대에는 대부의 맏아들만 대부가 되고 대부 계급만 귀족이 되는 거예요. 나머지 자식들은 사(士) 계급, 즉 평민인 것이지요. 우리가 보통 사(士), 농(農), 공(工), 상(商)이라고 말하는데, 원래 사농공상은 평민의 역할에 따른 호칭에 불과합니다. 그러니까 선비와 농민과 공인과 상인은 같은 평민 계층에서 직종만 다른 거예요. 같은 급, 다른 직종. 이러한 상황에서 선비가 출세할 수 있는 가능성은 두 가지가 있었습니다. 싸움을 잘하거나 공부를 잘하거나!

전쟁을 잘하는 무사(武士)가 되어 전쟁터에서 무훈을 세우고 출세하거나, 공부를 잘하는 문사(文士)가 되어 정치권에서 출세하는 두 가지 길이 열려 있는 셈이지요. 그렇다고 하더라도 선비의 신분으로 귀족이 되는 것은 하늘에서 별 따기 같은 일이었습니다.

대부였던 공자의 아버지가 일흔 살에 공자 엄마를 만났습니다. 공자의 엄마는 무당 출신이었습니다. 아주 하찮은 신분이지요. 열네 살에 공자를 낳았다고 하네요. 일흔 먹은 양반이 결혼 안 했을 리가 없죠. 그러니까 공자 엄마는 본처가 아닙니다. 첩이지요. 첩 중에서도 정식으로 들인 첩이 아니라 들판에서 야합(野合)한 첩입니다. 그렇게 태어난 사생아와 같은 자식이 공자인 거죠. 그러니까 공자는 결코 아버지의 대부 지위를 물려받을 수 없었지요. 게다가 아버지가 공자 나이 세 살에 사망합니다. 끈 떨어진 연이라고, 자신을 지켜줄 아버지는 일찍 죽고 홀어머니를 모시고 살 수밖에 없는 불우한 서자(庶子)가 바로 공자였습니다.

 그런 공자가 동양에서 가장 위대한 사상가가 될 때까지, 밑바닥에서부터 얼마나 많은 노력을 했을까요. 공자의 생애를 제대로 보려면 그걸 잘 파악하셔야 합니다. 공자는 끊임없이 노력해서 자기의 신분 상승을 꿈꾸었던 사람이에요. 아주 힘든 시기를 살았지요. 공자가 열다섯 살에 '난 공부할 거야' 하고 마음을 먹습니다. 열다섯이면 중학교 2학년 쯤 되는 거죠? 그 나이에 큰마음을 먹고, 평생 그 마음을 안고 죽을 때까지 공부합니다. 그래서 '공부의 달인' 하면 공자인 겁니다. 그렇게 끝까지 최선을 다해 산 공자의 삶을 살짝 살펴볼까요?

 일단 열다섯 살에 학문에 뜻을 두고 열아홉 살에는 기관씨라는 송나라 출신 여성과 결혼을 해요. 그리고 스무 살에 아들을 낳아 공리(孔鯉)라는 이름을 지어줍니다. 서른쯤 되니까 스스로 설 수 있는, 독립할 수 있는 지위가 되었고, 서른넷에는 점점 쇠퇴하고 있지만 아직 몰락하진 않았던 주나라에 가서 노자를 만나 예를 묻고, 장홍이라는 사람에게서 음악을 배웁니다. 예(禮)와 악(樂), 공자의 학문을 보통 예악의 학문이라고 하지요. 예는 좀 딱딱한 느낌이 든다면 악은 음악이라든지 오락이라든지 풀어지는 느낌이 들지요. 모든 삶의 패턴에도 긴장과 여유가 있습니다. 예로 곧게 하고 악으로 풀어주고, 한편으로는 자기 내면에 있는 규범을 세우면서도 그 규범이 너무 딱딱해지지 않게 하기 위해 음악으로써 자기의 마음을 풀어주는 게 예악인 것이죠. 그렇게 열심히 공부했지만 공자가 처음부터 출세한 것은 아니었습니다. 귀족의 창고나 마구간을 관리하며 근근이 생계를 이어가지요.

공자의 관직 생활

공자는 쉰하나의 나이에 중도재의 벼슬에 오릅니다. 중도라는 고을을 다스리는 일인데, 지금으로 치면 무슨 지방자체단체장쯤 되는 거예요. 쉰셋이 되니까 사공(건설부장관)의 벼슬에 오르고, 이듬해 대사구(법무부장관)로 승진하지요. 대사구의 벼슬에 오른 후, 공자는 먼저 삼환씨의 도성을 무너뜨리려 했어요. 이 삼환씨가 아까 말했던 노나라를 좌지우지하는 세 대부들의 성씨인 맹손, 숙손, 계손씨입니다. 재미난 점은, 노나라가 하나의 나라라면 성(城) 하나로 나라 전체를 커버하고 있어야 하는데 그렇지 못했던 점이지요. 대부들이 자기네 영토에 또 성을 쌓아 나라 안에 나라를 만든 겁니다. 왕이 그 성에 들어갈 때도 허락을 받고 들어가야 하고 따로 사병들도 있으니 언제든지 반란을 일으킬 수 있는 여지가 있었습니다.

'이건 예법에 맞지 않는다. 한 나라는 하나의 권력으로 통일되어야 한다, 비록 너희들이 권력을 가진 대부들이지만 그건 동의할 수 있지 않겠느냐, 나라가 갈라지면 되겠느냐, 알아서 성곽을 헐어라', 그렇게 설득하니 명분에 밀려서 두 대부가 자신의 성곽을 헐게 됩니다. 그래서 마지막 남은 하나만 더 부수면, 공자의 개혁 정책, 왕을 중심으로 삼으려는 개혁 정책이 성공할 수 있게 된 것이죠. 그런데 마지막 성을 무너뜨리려고 할 때 다시 세 성씨가 모입니다. '공자가 우리 집안 다 말아먹는 거 아냐? 그럴 것 같지? 공자를 없애야겠어!' 이렇게 모의하지요. 공자를 죽이지는 못합니다. 대신 세 명의 대부들이 작당을 해서 그다음 해 공자의 관직을 박탈해버려요. 그동안 공자의 관직이 쭉 상승했는데, 이때 급전직하합니다.

공자가 자신의 면직을 알게 된 일화가 있습니다. 새해 아침이 되면 새해를 여는 국가적 제사를 지내고, 제사 때 쓰였던 고기를 관직에 있는 사람들에게 나눠주는 의식이 있었습니다. 공자가 고기를 기다리고 있는데 하루가 지나도록 고기가 오지 않았습니다. 그럼 사 먹으면 되잖아요? 그런데 사 먹는 것 하고 나라가 주는 건 다르거든요. 나라에서 주는 고기는 임명장과 같은 것입니다. 끝내 안 오죠. 공자는 눈물을 흘리며 아내에게, "나는 이 나라를 떠나네." 하고 쉰다섯에 나라를 떠납니다. 정말 비참한 거죠.

주유천하, 공자의 망명 생활

노나라를 떠난 후에 공자의 행적을 주유천하(周遊天下)라고 멋지게 표현하지만 사실은 망명 생활이었어요. 국외로 망명 생활을 하며 별의별

나라를 다 가요. 제나라, 초나라, 조그만 나라를 가릴 것 없이 다 돌아다닙니다. 공자가 돌아다니면서 제자들을 이끌고 다니는데 그 중에는 능력이 출중한 사람들이 많았어요. 누군가 국회의원이 되면 다음 선거에 그의 보좌관들도 출마하듯이, 제자들은 공자가 잘되면 나도 잘될 거라고 생각해서 쫓아다녔던 이들이 많았지요. 공자는 이미 정치 세력화되어 있었던 거죠. 그래서 권력자들은 공자를 뽑아 쓰게 되면 그 제자들까지 권력의 지분을 나누어야 한다는 부담 때문에 공자보다는 공자의 제자들 중에서 한두 명을 뽑아서 쓰곤 했습니다. 이런 이유로 제자들 중에는 벼슬 생활을 한 사람들이 많았지만 공자는 10년 넘게 전국을 떠돌아다니며 변변한 벼슬 한번을 제대로 못합니다. 말 그대로 개고생을 하지요. 공자 말년의 별명이 '상갓집 개'라는 뜻의 상가지구(喪家之狗)였어요. 그 정도로 심한 고생을 합니다.

공자에게는 아주 뛰어난 세 명의 제자가 있는데요. 안회(顏回), 자로(子路), 자공(子貢)입니다. 안회가 인(仁)을 대표한다면 자로가 용(勇)에 해당하고, 자공이 지(智)에 해당합니다. 공자의 뜻을 가장 정확히 알고 있는 게 안회고, 싸움을 제일 잘하는 게 야인 출신의 자로였지요. 그다음 나름대로 CEO 출신으로 정치적이고 경제적인 감각이 뛰어났던 게 자공입니다. 그 외에도 많은 제자들이 공자를 쫓아다닙니다.

어느 날은 하도 굶어 성마른 자로가 공자에게 말합니다. "어떻게 군자가 만날 굶어요? 왜 우린 만날 굶습니까?" 공자는 답합니다. "군자는 굶어도 화를 안 내는데 소인은 배고프면 화를 내더라." 그러니까

너도 화내지 말라는 말이죠. 하지만 얼마나 쫄쫄 굶었으면 자로가 그런 말을 했겠어요. 주윤발 주연의 영화 〈공자〉는 이 장면을 생생하게 복원해놓았지요. 마지막 남은 말고기 죽 한 그릇을 공자가 한 모금 먹으려 하니까 제자들이 다들 눈을 똘망똘망 뜨면서 쳐다보는 거예요. 공자는 차마 그 죽을 먹지 못하고 한 모금 마신 후 제자들에게 건네주죠. 그걸 제자들이 다 돌려서 먹는데 그사이에 제자들 몇 명이 음식을 구하러 갑니다. 그 비참한 상황에서 공자가 배고픔을 이기기 위한 방법으로 선택한 게 음악이었습니다. 배에서는 꼬르륵 소리가 나지만 공자는 악기를 끌어당겨 연주를 시작합니다. 이 장면이 굉장히 인상적이에요. 공자가 악기를 연주하니까 제자들이 같이 노래를 해요. 그 중에서 아까 말고기를 많이 먹은 놈이 일어나 춤을 추기 시작해요. 그러니까 나머지가 일어나서 또 춤을 춥니다. 행색이 초라한 거지들이 모여서 음식이 올 때까지 악기를 연주하며 춤을 추는 거예요. 아마 공자의 생애에서 가장 슬프고도 아름다운 장면이라면, 그 배고픈 제자들이 스승을 버리지 않고 배고픔을 이기기 위해 같이 노래를 부르며 춤을 추었던 그 장면이 아닐까 생각합니다. 그래서 많은 제자들이 공자를 먹여 살리기 위해서라도 다른 나라의 가신으로 가거나 벼슬을 얻어, 자기가 벌어들인 돈으로 공자를 봉양하기도 했습니다. 공자는 정말로 자기가 쓰임받기를 원했어요. 단 한 번도 그만두고 싶다는 생각을 한 적이 없어요. 공자는 죽을 때까지 '누군가가 나를 비싼 값에 사 준다면 나는 나를 팔고야 말리라'는 철저한 세일즈 정신을 가지고 누군가 자신을 써주기를 바랐지만 끝내 쓰임받지 못합니다.

고향에 돌아와 죽음을 맞이하다

그런데 마침 노나라에서 공자의 제자 중 하나가 무공을 세우게 되었습니다. 그에게 소원을 물었더니, "지금 우리 공자 선생님께서 쉰다섯의 나이에 나라를 떠나서 예순여덟이 되도록 노나라로 돌아오지 못하고 있습니다. 그러니 공자님을 모셔왔으면 좋겠습니다."라고 말하지요. 그 요청이 받아들여져 공자는 그제야 고국으로 돌아올 수 있었습니다. 하지만 이미 너무 늙어 중앙 정치판에는 들어갈 수가 없었어요. 그래서 공자는 자기의 원래 고향인 곡부로 내려갑니다. 공자는 곡부에서 조그마한 학교를 만들어서 제자를 양성하고 책을 쓰기 시작하지요. 직접 저술을 하지는 않고 많은 책을 편찬해요. 공자가 유일하게 자기의 관점으로 쓴 책이 딱 한 권 있어요. 이 책을 통해서 세상 사람들이 나를 평가하리라 자평했던 책이지요. 바로 《춘추》입니다.

재미나게도 공자가 유명해진 이유는 《춘추》 때문이 아니에요. 《춘추》는 역사학도도 잘 안 읽는 책입니다. 공자는 죽고 나서 제자들이 공자의 어록을 모아놓은 책으로 유명해집니다. 그게 바로 《논어》예요. 그러니까 논어는 공자가 쓴 게 아니라 공자의 제자들이 쓴 것이죠.

그렇게 고국에 돌아온 공자는 굉장히 비극적인 사태를 맞이합니다.

공자가 죽기 두 해 전에 공자의 아들이 죽습니다. 그리고 사랑하는 두 제자, 안회가 젊은 나이에 죽고, 자로가 전쟁에 나갔다가 적의 칼에 맞아 죽은 후 젓갈로 담가져서 공자에게 배달됩니다. 공자가 젓갈을 참 좋아했거든요. 먹으려고 뚜껑을 딱 열었더니 자기 제자의 얼굴이 들어 있었습니다. 공자는 큰 작대기를 들고 나가서 장독대를 다 깨 버립니다. "내 이후로는 젓갈을 먹지 않으리라." 아들을 잃고, 사랑하는 두 제자를 잃은 후로 삶에 의욕을 갖지 못했던 공자는 일흔셋에 사망합니다.

어찌 보면 공자의 생애는 가장 밑바닥에 있으면서 끊임없이 위로 향하려고 하는, 귀족이 아닌데 귀족이 되고 싶었던 생애였다고 할 수 있습니다. 신분상으로는 귀족의 반열에 오르지 못하지만, 참다운 귀족이라면 이렇게 살아야 한다는 사상을 잘 정리했기에 오늘날까지 우리에게 전해지게 되지요.

플라톤의 생애, 정치가에서 철학자로

그와 정반대의 경우가 플라톤입니다. 플라톤은 귀족으로 태어났습니다. 귀족으로 태어나서 좋은 교육을 받으며 성장해요. 아버지가 일찍 돌아가시고 어머니가 숙부와 결혼을 하지요. 옛날에는 귀족들이 다른 가문이랑 결혼을 하면 재산이 날아가니 친척끼리 결혼을 하는 경우가 많았습니다. 재산의 보존을 위해서요. 엄마는 숙부하고 재혼을 해서 잘 살아요. 3남 1녀 중 막내였던 플라톤은 할아버지의 이름을 딴 아리스토클레스라는 본래 이름이 따로 있었습니다. 그런데 플라톤이 기골이 장대하고 어깨가 떡 벌어진 덩치였다고 합니다. 헤라클레스 같은 몸매였나 봐요. 그래서 체육선생이 넓다, 평평하다는 뜻의 '플라톤'이라는 이름을 지어준 것이죠. 지금으로 치면 '너 몸짱이다' 정도 되는 셈이지요.

플라톤은 원래부터 정치가를 꿈꾸었어요. 정치를 하려면 말을 잘해야 하지요. 말을 잘하는 것의 최고봉은 시를 쓰는 겁니다. 당대 시 장르 중에서 최고는 비극이라고 해요. 그래서 비극을 연마하고 스무 살 때 비극 경연대회에 나갔는데, 그때 소크라테스를 만나 대화를 나누면서 흠뻑 빠져버려요. 소크라테스가 무슨 이야기를 했는지는 자세히 안 나와 있지만, 아마도 시 쓰는 일은 쓸데없는 짓이라는 이야기를 한 것 같아요. 그러지 않고서야 소크라테스를 또 만나러 가기 전에 자기 작품을 싹 불태울 리는 없잖아요. 자기 작품을 싹 불태우고 요즘 말로 '소크라테스 팬'이 됩니다.

그 이후 플라톤은 소크라테스를 끊임없이 추종하는데, 앞에서 말했던 것처럼 중요한 사건이 터지죠. 소크라테스가 아테네 재판정에서 사형을 언도받고 죽게 돼요. 가장 존경하는 스승이 사형을 당했다고 생각해보세요. 그것도 자기가 사랑하는 조국의 법정에서 법에 의해 사형을 당한 거지죠. 그로 인해 플라톤은 정치에 환멸을 느낍니다.

다시는 정치를 꿈꾸지 않겠다고 결심하고 떠돌아다녀요. 방랑의 시기죠. 그때 만났던 여러 지식인들 중에서 피타고라스학파의 영향을 굉장히 많이 받았습니다. 그래서 플라톤의《국가》를 보면 소크라테스의 사상뿐만 아니라 피타고라스의 사상 같은 것이 느껴져요. 피타고라스는 수학자거든요. 플라톤은 자기 학교 정문에 '기하학을 모르면 들어오지 마라'라고 아예 써놓았어요.

플라톤은 여러 곳을 방랑했습니다. 그러다 서른다섯에 기가 막힌 기회를 만나게 됩니다. 이탈리아의 시칠리아에 시라쿠사라고 하는 섬이 있는데, 그 섬에서 참주 디오니시오스와 그의 처남 디온을 만나게 되지요. 여기서 디온이 플라톤의 사상에 흠뻑 빠지게 됩니다. 그래서 디온은 플라톤에게 자신과 함께 이상적인 국가를 실현해보자고 제안을 하게 됩니다. 하지만 현실이 그리 녹록치는 않았어요. 10년 동안이나 이상적 정치를 실현하기 위해 노력하지만 좌절되고 말지요. 이상이 현실이 되는 것이 그리 쉬운 일은 아니었거든요.

우리는 플라톤을 단순히 철학자라고 생각하지만, 플라톤은 자신의 이상적 정치를 실현하기 위해서 끊임없이 노력했던 사람입니다. 그냥 이론가가 아니지요. 하지만 그때마다 실패해요. 어찌 보면 그 이상적인 열망과 그에 따른 좌절이 책에 더 깊이 반영된 것일 수도 있어요. 그래서《국가론》을 보면 이상 국가를 만드는 것이 얼마나 힘든지, 그리고 그 이상적인 국가는 어떻게 운영되어야 하는지에 대한 생각이 경험을 통해 많이 녹아들어 있다는 것을 알 수 있어요.

플라톤이 만든 유명한 교육기관 이름이 뭔지 아시죠? 아카데미아. 오늘날 학원이라고 하는 '아카데미(academy)'의 어원이죠. 그 기관을 만들어 그곳에서 온갖 이상적인 나라를 만들기 위한 인재 개발, 즉 철학자들을 키웁니다. 한편으로는 교육 사업을 하고 한편으로는 철학 저술 작업을 하면서도 또 다른 한편으로는 정치 일선으로 들어가기 위해서 굉장히 열심히 노력을 해요. 철학적으로는 성공했지만, 정치적으로는 결국은 실패하고 말지요. 결과로 치면 공자의 실험도 실패한 것이고 플라톤의 실험도 실패한 거죠.

플라톤의 죽음과 관련해서는 두 가지 설이 있어요. 결혼식에 참석해서 즐겁게 놀다가 죽었다는 설이 있고, 글을 쓰다 죽었다는 설도 있어요. 즐겁게 놀다 죽은 것이든 글을 쓰다 죽은 것이든 철학자의 삶으로는 그렇게 나쁜 죽음은 아니겠지요. 희한하게도 공자와 플라톤 모두 최선을 다해 삶을 살았으나 운명은 그 둘을 성공의 길로 이끌지 않고 좌절의 길로 이끌었습니다. 이것이 공통점이라 할 수 있겠네요.

지금까지 우리는 공자와 플라톤의 사상적 배경이 되는 시대적인 상황과 그들의 생애를 굵직하게 살펴보았는데요. 이러한 시대적 배경을 이해하는 것이 그들의 사상을 더욱 구체적으로 이해할 수 있는 발판이 됩니다. 그러면 본격적으로 공자와 플라톤의 핵심적인 철학 개념을 살펴볼까요.

이기적인 나를 버리고 예로 돌아가라

먼저 공자부터 살펴보겠습니다. 공자에게 있어서 가장 중요한 사상적 개념은 인(仁)과 예(禮)입니다. 공자의 수제자 안회가 공자에게 "선생님, 인이란 게 뭡니까?"라고 묻자, 공자는 "극기복례(克己復禮)"라고 답합니다. 안회가 물었다는 '인(仁)'은 여러 가지 해석이 가능합니다. 어찌 보면 인간이 도달할 수 있는 최고의 경지죠. 우리가 보통 "너도 사람 좀 되어라."라고 말할 때의 '사람'은, 생물학적 사람을 말하는 건 아니겠죠? 개한테 사람이 되라고 할 수는 없잖아요. 사람이 되라고 할 때의 사람은 일상적인 보통 사람이 아니라 사람의 가장 멋진, 가장 아름다운 최상의 모습, 다시 말해 사람의 이상향을 말한다고 할 수 있겠죠. 그 사람다움에 해당하는 것이 인(仁)입니다. 한편 이 인(仁)이라는 개념은 혼자 있을 때는 필요가 없어요. 둘 이상의 사람이 모여서 공동체를 이룰 때, 그러니까 집단 속에서 비로소 실현될 수 있는 개념입니다. 안회는 인에 관해서 이렇게 물었습니다. "도대체 어떻게 하는 것이 사람다운 것입니까?" 어떻게 살아야 사람답게 살 수 있냐는 안회의 질문에 공자의 대답은 굉장히 간단합니다. 극기복례(克己復禮)! '극기복례'에서의 '극(克)'이라는 것은 '극복하다, 넘어서다'는 뜻이고, '기(己)'는 '나'죠. 극기(克己)는 '나를 넘어선다'는 뜻입니다. 다음 한자인 '복(復)'은 광복할 때 '복' 자죠. '회복하다, 돌아가다'의 뜻입니다. 어디로 돌아가고, 무엇을 회복하자는 것일까요? 예로 돌아가고 예를 회복하자는 거지요. 나를 극복하고 예로 돌아가자!

그런데 '극기복례'에서의 '나'는 '사람다운 나'가 아니고 '이기적인 나'입니다. 그렇다면 '예'는 '사람다운 나'가 갖춰야 할 자질이 되는 거고요. 이기적이고 개인의 욕망에 사로잡혀 있는 나를 버리고 이타적이고 공동체적 가치로 돌아가자는 것이죠. 가령 맛있는 음식을 보면 그 음식을 내가 먹고 싶은 것이 누구나 가진 욕망이에요. 나 혼자 있으면 그냥 먹으면 돼요. 하지만 집에 엄마도 있고 아빠도 있고 여러 명이 있는데, 그 음식을 나 혼자 홀랑 먹어버리면 다른 사람들이 못 먹게 되잖아요. 그럴 때 그 홀랑 먹어버리고 싶은 마음을 접고 함께 나눠 먹으려는 마음을 내는 것, 그것이 바로 예(禮)입니다.

공자가 상상한 이상적인 나라

예(禮)의 원래 의미는 제사와 관련된 것입니다. 예(禮) 자를 잘 뜯어보면 왼쪽에 조상의 위패[示], 오른쪽 아래에 제단[豆]과 그 위에 온갖 음식들[曲]이 보일 겁니다. 제사를 생각해보세요. 제단에 음식을 차려놓고 제사를 지낸 다음에 그것을 제주가 혼자 먹는 게 아니라 골고루 나누어 먹지요. 한편 제사 때 많이 쓰이는 동물이 양(羊)인데요, '양'자가 들어가는 한자는 굉장히 좋은 의미예요. 큰 제사를 지낼 때 작은 양을 잡으면 안 되겠죠? 그래서 양의 크기가 가장 큰 것을 아름답다고 하는 거예요. 바로 아름다울 미(美)가 떠오르시나요? 양의 크기가 작은 것은 아름답지가 않아요. 잡았는데 먹을 게 없으면 정말 어처구니가 없잖아요. 양의 크기가 커서 먹을 것이 좀 있어야 그게 아름다운 거예요. 이런 한자가 또 있어요. 정의로울 의(義), 이 글자도 잘 보시면 양(羊)이 있고 아래에 아(我) 자가 보이지요. 여기서 이 '아(我)' 자가 전쟁 무기를 형상화한 것입니다. 맥가이버 칼처럼 가운데 손잡이를 잡고 양쪽으로 서로 다른 칼날이 달려서 자르고 베고 할 수 있는 다용도 무기, 그 무기가 저 '아(我)' 자의 원형이에요. 그러니까 제사를 드리고 나서 칼로 잘 잘라서 골고루 나누어주면 그게 정의롭다는 것입니다. 그래서 정의는 항상 분배와 관련이 있어요. 혼자 먹는 게 아니라 잘 잘라서 나누어주는 게 정의로운 것이죠.

그래서 '극기복례'라는 말 자체가 공동체적인 의미가 있다는 것이고, 공자는 욕망의 시대였던 춘추 시대 말, 모든 사람이 자기 것만 뜯어서 취하려고 하던 시대에 자기 것만이 아니라 골고루 나누어주는 세상을 꿈꾼 것입니다. 그래서 공자가 한 말 중에 그런 말이 있어요. "나라가 가난한 것을 걱정하지 말고 나라의 재산이 골고루 나누어지지 않는 것을 걱정하라." 그 이야기는 부국강병을 외치는 다른 나라를 경계한 것입니다. 대개의 나라들은 일단 부유해지고 나서 분배를 해야 한다고 생각하잖아요. 공자는 그런 생각에 반대했어요. 한 집안이 부유하면 아버지가 자기 먹을 것을 다 먹고 나서 남은 음식들을 자식이나 마누라에게 주지는 않잖아요. 아버지가 얼마를 벌었든 그 번 것을 가지고 집안 식구를 골고루 먹여 살리잖아요. 그런 가족이 공자가 생각하는 모델이에요. 가난하면 가난한 대로, 부유하면 부유한 대로 골고루 세상에 나누어질 수 있도록 하는 것을 굉장히 중요하게 여겼습니다. 그것의 모델이 어느 나라였을까요? 공자가 꿈꾸는 모델은 바로 그렇게 바라 마지않던, 그러나 망해가던 주나라였어요.

지난 강의 때 주나라가 가족들의 나라라고 했지요? 가족들의 나라이기 때문에 질서가 정연한 나라이고 분배가 제대로 이루어지겠죠. 가족들의 나라와 같은 질서 정연한 나라를 공자는 꿈꾸었습니다. 이것은 공자의 상상이에요. 공자의 상상에 의하면 주나라가 망하고 나서 세상이 엉망이 된 것이죠. 공자는 어떤 의미에서 보자면 미래 지향적인 사람이 아니라 과거 지향적인 사람입니다. 약간 과하게 해석을 해보겠습니다. 만약 지금 한국에 임금이 없어 나라가 혼란스럽다면? 그러니까 임금을 세우고 경복궁에 왕족들을 다시 모시자고, 그들이 훌륭한 생각으로 우리나라를 잘 통치하면 멋진 나라가 되지 않겠냐고 주장한다면요? 기호 2번 홍길동입니다, 하면서요.

만약 이 말에 여러분이 박수를 치고 홍길동을 뽑으면 모든 사람들이 공자의 생각에 동의하는 거예요. 수염 좀 길게 나고 도포 입고 갓까지 쓴 사람들일 겁니다. 기호가 한 8번까지 나오겠죠? "이씨 조선을 다시 만들어야 합니다!" 그러면 그 광고나 방송을 본 대부분의 사람들이 어떻게 생각하겠어요? "음, 바람직한데? 내가 왜 저 생각을 못했지?" 이럴까요? "미쳤군, 미쳤어." 이러지 않겠어요? 왜? 이미 몰락해가는 모델이거든요. 통치 모델이 미래형 모델이 아니라 이미 몰락한 주나라의 모델이에요. 공자가 꿈꾸는 모델은 바로 그런 주나라였던 것이지요.

공자는 사람이 사람 대접 못 받는 현실의 정치를 뒤엎고, 과거의 정치, 질서 있고 골고루 나누는 정치를 꿈꾸었던 거지요. 왜 이렇게 생난리가 났을까? 왜 서로 죽이지 못해 안달하는 것일까? 왜 많이 가진 놈이 더 가지려고 욕심을 내는 것일까? 많이 가진 놈일수록 좀 더 나누어주려고 노력해야 하는데, 왜 노인들은 굶어 죽고 젊은이들은 전쟁터에 나가서 창에 맞아 죽는 것일까? 왜 여자들은 전쟁으로 남편과 자식들을 잃고 엉엉 울어야 하는 세상이 되어야만 할까? 그 고통에 찬 현실의 모습을 보는 거예요. 그 모습의 대안으로 '본래의 질서로 돌아가자'고 말하는게 복고주의인 것이죠. 그렇기 때문에 사실 현실 정치의 많은 군주들이 공자를 발탁하지 않았어요.

그런데 여기서 공자의 처지를 생각하며 공자의 사상을 떠올려 보세요. 주나라의 질서를 복원하려면, 또 그런 것을 주장하려면 원래 기득권이 있는 사람이, 그러니까 주나라 황실의 기득권이 있는 사람이 주장해야 자연스럽잖아요. 그런데 공자는 앞에서 말했던 것처럼 그런 출신이 아니에요. 옛날에는 사람이 두 계층으로 나누어졌어요. 인(人)과 민(民). 인(人)이 귀족이라면 민(民)은 평민이에요. 공자는 평민이니 원래 기득권이 하나도 없던 사람이라고요. 그러니까 공자가 꿈꾸는 구상은 자기가 살아왔던 것을 지키기 위한 구상이 아니라, 실제로 그렇게 되기를 간절히 바라는 구상인 것이죠. 자기가 가지고 있는 것을 지키려는 구상이면 굉장히 욕심이 많은 것이지만, 자기에게 없는 것을 꿈꾸었다는 것, 오래 전 주나라의 귀족들이 실현했던 것을 꿈꾼 것이지요. 《오래된 미래》라는 책이 있죠? 아마도 공자가 꿈꾼 것은 그런 미래일 거예요. 오래된, 그러나 다시 실현되어야 한다고 생각하는 미래. 이게 주나라였던 것이죠.

그렇듯 질서 정연한 나라가 되기 위해서 먼저 해야 할 것이 바로 개념 정립입니다. 개념을 정리해 나가는 게 정명(正名)이에요. 바를 정(正), 이름 명(名)을 합쳐 정명(正名)이라는 개념이 만들어졌지요. 《논어》에 나오는 유명한 문장 중에 정명에 해당하는 문장이 있습니다. 군군신신(君君臣臣) 부부자자(父父子子). '임금은 임금답고, 신하는 신하답고, 아비는 아비답고, 자식은 자식답게'로 해석할 수 있습니다. 앞엣 것이 주어고 뒤쪽이 서술어예요. 임금은 임금다워야 하고, 신하는 신하다워야 하고, 아버지는 아버지다워야 하고, 아들은 아들다워야 한다는, 철저한 기능론이지요. 마치 톱니가 맞물려 째깍째깍 돌아가는 것이 질서인 것처럼 그렇게 착착 맞아떨어지는 톱니 같은 세상을 꿈꾸었습니다.

그런데 당시 사회가 임금이 임금답지 못하고, 신하가 임금이 되려고 하는 사회였잖아요. 권력을 가지고 있는 사람은 권력을 제대로 사용할 수 없고, 권력을 가지고 있지 않은 신하가 임금을 죽여 임금의 자리에 오르려 하고, 아비는 자식을 돌보지 않고, 아들은 아비를 업신여기는 사회였거든요. 그런 의미에서 어떠한 질서와 신분도 제자리를 찾지 못하는 사회, 이런 사회일수록 분명한 자기 위치와 역할을 가지고 있어야 한다고 생각했던 게 공자예요.

그런데 공자의 신분은 아이러니하게도 평민입니다. 그럼 평민다운 삶을 살았어야죠? 그런데 공자는 평민다운 삶을 살지 않아요. 공자는 한 번도 스스로를 평민이라고 생각해본 적이 없어요. 공자는 대부가 되기를 바랐습니다. 귀족의 반열에 오르고 싶었지만 이 지위를 타고나지 못했으니까 실력으로 올라가야 했어요. 당시는 정치의 혼란기여서 인재가 많이 필요했던 시기였거든요. 공자는 어마어마한 인재였죠. 공자는 자신을 제대로 알아봐주는 군주가 있다면, 귀족이 될 수 있다고 생각했을 겁니다. 그래서 '나는 지금 비록 평민이지만 본래 귀족'이라고 생각한 것이죠. 따라서 '내가 비록 평민이지만 귀족과 같은 가치를 가지고, 귀족과 같은 삶을 살고, 귀족의 가치를 실현하도록 제자를 양성하고, 귀족의 가치에 맞도록 양성된 제자들이 다시 정계에 들어가고, 그래서 정계가 귀족과 같은 고귀함을 갖는 정치 권력이 형성되고, 그렇게 된다면 본래의 정신으로 돌아갈 수 있지 않을까?' 하는 판타지를 가지고 있었어요. 철저한 판타지죠. 공자는 그 판타지를 결코 죽을 때까지 놓지 않았던 것입니다.

유가와 법가 : 덕치와 법치

그럼 그러한 공자의 사상이 주류였는가? 아니에요. 공자는 거의 왕따 수준이었어요. 당시는 혼란기잖아요. 혼란기에는 새로운 질서와 새로운 법이 필요합니다. 그래서 당시 가장 유행했던 사상이 법가(法家)예요. 법가는 새로운 질서에 맞는 새로운 가치를 새롭게 정립하자는 것입니다. 가장 현실적인 세력인 거죠. 그런데 공자는 법가를 제일 싫어했어요.

예를 들면 이런 거예요. 아버지가 살인을 저지르고 집으로 돌아와서 "아들아, 내가 어찌어찌 하다 보니 살인을 저질렀다, 나를 좀 숨겨다오." 한다면 어떻게 할 것인가? 법가에 의하면 아버지라 할지라도 살인죄를 저질렀다면 고발해야 합니다. 왜냐하면 아버지가 죽인 사람도 자식이 있을 것이고 거기에도 원한이 쌓일 것 아니에요? 누군가를 가족이라고 해서 감싸주면 형평에 어긋나지요. 그래서 아무리 제 아버지라도 고발하여 합당한 벌을 받게 하는 것이 법가의 기본 정신이에요.

그런데 공자는 그렇게 하지 않습니다. 법가의 태도를 반대했지요. 공자의 입장에 따르면 똑같은 상황에서, 누가 아버지 있냐고 물으면 없다고 대답하고, 오히려 아버지를 데리고 도망을 가는 거예요. 왜냐하면 법은 언제든지 바뀔 수 있지만 피는 안 바뀌잖아요. 가족은 바뀌지 않으니 가족 중심의 사유, 인정 중심의 사유를 하는 것이죠. 그리고 내가 가족에게 그렇게 하듯이 정치가 역시 지역 백성들을 넓은 범위의 가족이라고 생각하고 대해야 한다고 생각했습니다. 자기가 다스리는 지역의 사람들을 제 가족 대하는 마음으로, 아비가 자식을 대하는 마음으로 그렇게 하라는 거예요. 그래서 대가족처럼 운영되는 사회가 가장 아름다운 사회라고 보고 그걸 꿈꾸었던 거예요. 가능할까요? 불가능하겠죠? 그래서 공자는 통치자에게 왕따를 당했습니다.

공자처럼 인과 예로 다스리는 정치를 왕도 정치라고 한다면, 힘과 법을 통해서 다스리는 정치를 패도 정치라고 하지요. 당시에 여러 제후국들이 선호했던 통치 방식이 패도 정치였어요. 힘을 바탕으로 법치를 행하는 거지요.

그런 점에서 법은 무력에 기초하고 있습니다. 무력이긴 하지만 법에 의한 무력이지요. 함부로 무력을 행사하지는 않아요. 가령 자기 하인이 잘못을 저질렀을 때, 옛날에는 자기 하인을 때려 죽여도 괜찮았습니다. 법이 없었으니까요. 하지만 법에 따르면 하인이 한 잘못의 경중에 따라서 처벌도 딱 그만큼만 해야 해요. 만약에 더 과하게 벌을 가하면 이번엔 주인이 벌을 받아야 했습니다. 이게 바로 법이예요. 법은 질서 있는 폭력입니다. 적정한 도가 정해져 있는 폭력. 그런 점에서 당시 무법 사회에서의 법가 사상은 굉장히 진보적인 사상이었습니다. 인간의 마음 씀씀이만 가지고 다스리려고 했던 공자보다는 법가 사상이 훨씬 더 효용성이 높은 통치 방식이었지요. 그렇지만 공자는 그것을 바라지 않았어요. 왜 그랬을까요?

대인과 소인 : 평등을 두려워하다

법은 하나의 정신이 있습니다. 그것은 바로 법 앞에 만인이 평등하다는 것입니다. 법은 귀족이건 평민이건 똑같이 적용되어야 합니다. 그게 바로 법이에요. 평등한 거죠. 그런데 '예'는 귀족 중심의 논리입니다. 평등하지 않지요. 예는 불평등한 거예요. 가지고 있는 자가 나누어 주는 것이고, 어른이 베푸는 것, 그것이 예입니다. 어찌 보면 예는 약간 불평등한 구조를 전제하고 있는 덕목이고, 법은 그 불평등한 구조를 타파하고 평등이라는 전제 위에서 다시금 세상을 바로잡으려고 하는 사상이에요. 그런 차원에서 춘추 전국 시대의 양상을 보면 판국이 달라집니다. 역사적으로 조선이 유교를 숭상하니까 공자, 맹자, 그리고 주자라는 계보 속에서 그것을 최고의 이데올로기(ideologie)라고 생각하고 살아왔지만, 현대 사회는 이미 유교 사회가 아니잖아요. 우리는 지금 자유와 평등을 기본 정신으로 하는 민주주의 시대에 살고 있는 현대인이잖아요. 현대인이라면 공자도 비판적인 시각으로 볼 수 있고, 법가도 비판적으로 볼 수 있는 거죠. 그런 의미에서 공자의 위대함이 인간성의 본성인 이기적 욕망을 극복하려고 했다는 점은 인정받아 마땅하지만, 그가 보여주고자 했던 대안은 지극히 보수적이고 지극히 과거 지향적이고 지극히 온정적이었다는 것도 반드시 생각해보아야 합니다. 그것만 가지고 세상을 새롭게 바로잡을 수는 없었다는 것이죠. 공자가 법의 이점을 몰라서 법치를 싫어했을까요? 공자는 왜, 무엇이 두려워서 법이 제정되는 것을 그렇게 싫어했을까요?

공자의 욕망이 고스란히 담겨 있는 단어가 바로 '군자(君子)'와 '소인(小人)'입니다. 군자와 소인은 단순한 윤리적 개념이 아니라 신분적 개념이지요. 다음 표를 볼까요.

| '종법 제도'상의 명칭 | 《이중톈 중국사》 3권 101쪽의 표 인용.

등급	명칭	군주	신분	가족	친족	아들
1등급	천하(天下)	천자	천하공주	왕실	왕족	왕자(王子)
2등급	국(國)	제후	국군(國君)	공실	공족	공자(公子)
3등급	가(家)	대부	가군(家君)	씨실	씨족	군자(君子)

이 표는 주나라의 종법 제도에 따른 신분의 등급을 보여주고 있습니다. 표에 따르면 세 등급인 귀족들이 등장하지요. 왕족, 공족, 씨족. 그리고 각 친족에 따라 다스리는 범위와 신분, 명칭이 정해져 있습니다. '군자'는 귀족 중 가장 아래 씨족을 중심으로 형성된 가(家)를 다스리는 대부(大夫)의 아들에게 붙여진 호칭이에요.

한편 '소인'이라는 개념은 '대인'과 대비되는 개념으로, '대인'은 본처의 장자에게만 붙여지는 호칭이고, '소인'은 본처의 자식이라도 둘째나 셋째, 또는 후처나 첩의 자식에게 붙여지는 호칭이었지요. 대인은 '대종지인(大宗之人)'의 약자이고, 소인은 '소종지인(小宗之人)'의 약자예요. 대인은 권력 승계를 하는 귀족이라면, 소인은 권력 승계에서 멀어진 귀족이지요. 권력의 안정성을 꾀하려면 룰이 있어야 하겠지요. 본처의 맏아들(적장자)에게만 권력이 계승되는 것이 종법 제도의 핵심입니다.

그럼 한번 상상해봅시다. 대인이 많을까요, 소인이 많을까요? 당연히 소인이 많겠지요. 대인은 정치 권력을 장악할 수 있지요? 소인은 정치 권력을 가질 수 없죠. 그럼 소인도 먹고 살아야 할 것 아니에요? 나라가 혼란스러워요. 혼란스러울 때는 소인 같은 경우에 어쨌든 먹고 살아야 하니까 장사도 하고 물건도 만들고 이럴 거 아니에요? 그런데 원래 전쟁 시기에 무역과 교역이 굉장히 활발히 이루어지거든요. 그러다 보니 소인들 중에서 적장자 신분보다 훨씬 더 많은 재산을 형성하는 사람들이 생겨납니다. 신흥 계급인 셈이지요. 그러니까 군자는 정통 귀족 계급 라인이라고 한다면, 소인은 그 외의 나머지 떨거지들이 신흥 계급을 형성한 것입니다. 그런데 이 신흥 계급이 재산으로 보나 숫자로 보나 대인보다 훨씬 세고 커져요. 무슨 말씀인지 아시겠죠? 평민 세력이 확 늘어난 거예요. 제 생각에는 공자가 제일 두려워했던 것이 바로 평민 계급의 확대라고 봅니다.

같을 동 vs 어울릴 화

그 평민 계급이 바라는 이념이 곧 '평등'이거든요. "귀족하고 내가 뭐 다를 게 뭐 있어?"라며 평등을 추구하지요. 그래서 소인은 동(同), 이퀄리티(equality)를 원했던 것이죠. 이것은 그동안의 신분 사회에서는 볼 수 없었던 새로운 개념이었습니다. 모든 인간은 같다는, 굉장히 혁신적인 이념이에요. 당연하죠. 돈이 없지도 힘이 없지도 않은 신흥 계급들은 새로운 것에 대한 욕망이 강했기 때문에 책도 많이 읽고 새로운 지식도 많이 쌓았습니다. 결국 학문적으로도 뛰어나고 돈도 많았지요. 근대로 치면 부르주아지, 자본가 계급과 유사합니다. 그들은 당연히 귀족들의 몰락과 자신들의 신분 상승을 간절히 바라죠.

그에 반해서 적장자 귀족 계급은 화(和)를 바랍니다. 화는 바로 조화예요. 조화라는 말은 의미는 멋있지만 계급의 질서, 다시 말하면 신분 질서를 고스란히 간직한 형태로 있어야 가능한 덕목입니다. 바이올린은 바이올린대로, 첼로는 첼로대로, 피아노는 피아노대로 있어야지, 피아노가 바이올린 음악을 연주하려고 하면 안 되는 것이죠. 그래서 있는 그대로 소리를 내서 뭔가 하모니를 이룰 때, 이게 가장 아름다운 사회라고 하는 것입니다. 그러니까 저 화의 개념은 귀족의 이데올로기예요. 그래서 《논어》에 보면 소인은 동이불화(同而不和), 즉 평등을 원하나 조화롭지 않고, 반대로 군자는 화이부동(和而不同), 즉 조화를 추구하고 평등을 거부한다는 이야기가 나옵니다.

또 《논어》에는 '군자는 의(義)에 밝고 소인은 이(利)에 밝다'라는 구절도 있어요. 의로움은 분배죠. 분배는 전에 말씀 드린 대로 가족을 유지하는 질서와 같은 것입니다. 그러면 이(利)는 뭐예요? 자기의 능력에 따라서 자기가 스스로 취하는 것이죠. 당연히 상인 계급이나 나머지 계급들은 스스로 벌어서 자기가 한번 성공하고 싶은 욕망이 있죠? 그게 이(利)예요. 그 이익을 추구하는 것을 공자는 불안하게 생각한 것입니다. 저것들이 귀족보다 더 돈이 많아지면, 귀족보다 더 똑똑해지면, 그래서 법까지 만들어서 소인들이 귀족과 똑같아지는 세상은 공자가 상상한 아름다운 세상이 아니었습니다. 끊임없이 군자는 이러하고 소인은 이러하다는 대비의 개념이 논어에 계속 등장하는 것은, 어찌 보면 기존의 질서인 신분 제도를 끝까지 파괴시키지 않으면서 그 위계에 올라가려 하는 서자 출신의 소인 공자가 품은 탈신분적 욕망이 투영된 것이라고 볼 수 있습니다.

눈에 보이지 않는 이데아 정치

이번에는 아테네로 건너가볼까요? 플라톤입니다. 플라톤은 말씀드렸다시피 스승의 죽음을 경험하는데, 그 죽음의 배경에 민주주의가 있습니다. 그 전에는 과두 정치라고 해서 귀족이 다스리는 정치였지요. 그리고 귀족 중에서 소크라테스의 친구가 있다고 했잖아요. 플라톤은 원래 귀족이었고, 귀족이 다스리고 싶은 통치 시스템을 원했던 겁니다. 그것도 일반적인 귀족이 아니라 도덕적으로 탁월한 귀족이 나라를 다스려야 한다고 생각했지요. 도덕적으로 탁월한 귀족이 가져야 하는 항목이 무엇이냐? 그게 바로 선의 이데아예요.

이데아라는 것은 사실 눈에 안 보이는 것이지요. 우리가 종이에 그린 삼각형은 눈에 보여요. 이것도 저것도 삼각형이지요. 그런데 이러한 온갖 삼각형을 삼각형이게 만드는 것, 삼각형이 삼각형다울 수 있는 것, 그것을 삼각형의 이데아라고 합니다. 그러니까 우리가 "저것 참 좋아, 나빠, 싫어."라고 말했을 때 우리가 좋고 나쁨을 판단하는 것은 실천적인 경험을 통해서 말하는 것이죠? 그런데 좋다, 나쁘다고 하는 판단의 가장 추상적 기준이 되는 것, 그건 눈에 안 보이는 것이지요. 그런 것들을 이데아라고 합니다. 눈에 안 보이는 것, 그러나 그것이 없으면 판단을 할 수 없는 것. 그런 것처럼 가장 선한 정치인은 선한 정치의 이데아를 이해하고 그것을 실현시킬 수 있는 사람이어야 합니다. 플라톤은 그러한 역할에 가장 적합한 사람을 '철학자'라고 생각했습니다.

인간, 사자, 괴물

한편 플라톤은 《국가》에서 이상적인 국가의 구성원을 통치자와 수호자, 일반 시민으로 나누었습니다. 공자가 인간을 군자와 소인으로 나누면서 선을 그었듯, 플라톤은 세 계급으로 나누었던 겁니다.

	덕목	상징	특성	금속
통치자	지혜	인간	이성	금, 은
수호자	용기	사자	격정	동
일반 시민	절제	짐승(괴물)	욕구	쇠

표에는 나라를 다스리는 통치자에 해당하는 덕목이 지혜, 통치자를 상징하는 게 인간, 통치자의 특성은 이성, 통치자의 비유는 금은이라고 나와 있지요. 이건 물론 판타지입니다. 통치자는 태어날 때부터 그의 정신과 몸속에 금과 은이라고 하는 가장 고귀한 요소들을 가지고 태어난다는 생각이죠. 한편 나라를 지키는 수호자는 힘이 있어야 되겠죠? 군인으로서 나라를 지켜야 하니까요. 그래서 수호자에게 필요한 것은 용기입니다. 용기의 대표적인 상징물은 사자이고, 용기의 특성은 격정적인 것이라고 보았습니다. 이 수호자를 상징하는 메달은 동메달입니다. 금메달 은메달은 통치자의 것이고 동메달은 수호자의 것이지요. 마지막으로 일반 시민은 노동자예요. 노동자들은 욕구가 많아서 그 욕구를 다 채우려고 하면 나라가 엉망이 됩니다. 그래서 일반 시민이 가져야 할 덕목이 절제입니다. 일반 시민을 상징하는 것은 짐승, 이

때 짐승은 보통 동물인 짐승이 아니라 머리가 여러 개 달려 있는 몬스터, 통제 불가능한 괴물을 말합니다. 괴물이란 말은 자연 질서를 벗어나 있다는 뜻이거든요. 인간의 욕정을 몬스터로 취급한 것입니다.

이런 세 상징은 계급을 나눌 때에도 사용하지만, 인간의 본성을 설명할 때에도 사용됩니다. 인간 속에는 사람과 사자와 괴물이 공존하지요. 그런데 사자의 힘이 인간 쪽으로 붙으면 지혜로운 힘이 되지만, 괴물 쪽으로 붙으면 무질서한 폭력이 되는 겁니다. 나라가 엉망이 되는 거예요. 제일 좋은 질서는 인간의 이성에 의해서 자기 힘이 통제되고 그에 의해 자기 욕구가 컨트롤 될 수 있는 상태죠. 이성과 격정과 욕구, 이 셋 중에 무엇이 주인이 되느냐에 따라서 인간성이 결정 난다는 거죠.

다시 말해 철학자는 이 세 가지 항목 중에서 이성적 요소가 가장 발달한 인간이고 수호자들은 격정적 요소가 잘 발달한 사람이고, 평민들, 노동자들은 괴물적인 요소가 발달한 사람이라는 것입니다. 그러므로 한 사람이 정상적인 삶을 살기 위해서는 인간이 사자를 컨트롤하고 괴물을 다스려야 하듯이, 인간 사회도 질서 있고 바람직한 사회를 만들기 위해서는 반드시 탁월한 소수인 철학자가 통치를 하고, 그 통치자의 통제 하에 수호자들인 군인들이 있어야 하고, 군인들의 통치 하에 노동자들이 있어야 한다는, 철저히 판타지적인 구도를 그려놓은 것이죠. 그렇게 되면 가장 아름다운 나라가 될 것이라고 상상한 것입니다. 그게 바로 플라톤의 정치 사상입니다.

다섯 등급의 정치 체제

　플라톤의 주저인 《국가》의 원 제목인 '폴리테이아'라는 말은 '국가'라고 번역되었지만 사실 '정치 체제'를 뜻합니다. 그래서 어떤 책들은 플라톤의 《정체》라고 번역한 책들도 있어요. 일반적으로는 《국가론》으로 번역되어 있습니다. 어쨌든 이 《국가》에 따르면, 인간이 가질 수 있는 정체가 다섯 개가 있다고 합니다. 제일 처음에 탁월한 자가 다스리는 정체가 있지요. 이거야말로 이상적인 국가죠. 탁월한 자가 금과 은으로 다스려야 하는데, 여기 불순물이 섞일 수 있어요. 탁월한 자는 사실 명예나 권세나 지위 따위는 바라지 않고, 오로지 국가를 위해서 자기의 가장 고귀한 부분을 쏟는 자이지요. 그 자질은 굉장히 복잡한 과정을 통해서 키워야 합니다. 이런 자 중에서 명예욕이나 출세욕에 사로잡힌 사람이 있다면, 그런 사람을 바로 금과 은이 섞인 존재로 보는 거예요. 금으로 치면 순금이 아니라 18k정도 되는 거죠. 그러한 정치가 명예 정치가 되고, 거기서 좀 더 타락하면 몇몇의 지도자에 의해서 통치가 되는 과두 정치가 되고, 그것이 더 타락하면 그게 민주 정치라는 거예요. 그러면 민주 정치의 가장 끝은 뭐냐, 독재자의 탄생과 더불어 민주 정치의 모든 사람들이 한 사람의 지배를 받는 참주 정치로 끝난다고 본 것입니다. 참주 정치는 오늘날로 치면 독재 정치죠. 그러면 레벨로 치면 지금 민주 정치는 밑에서 두 번째, 망하기 바로 직전의 모습이라는 거죠. 이게 플라톤의 기본적인 아이디어입니다. 그래서 플라톤은 아테네 시민이지만 진짜 추구했던 정치에 가장 가까운 모델은 바로 스파르타예요. 아테네의 철학자가 꿈꾸는 정치 모델이 스파르타의 귀족 정치였던 것이죠.

한편 《국가》에서 말하는 훌륭하고 탁월한 정치가를 키워내는 방법이 아주 독특합니다. 일단 사람이 태어나면 병아리 감별하듯 탁월한 자들을 감별해야 합니다. 그래서 금이나 은으로 되어 있는 자를 뽑아요. 거긴 여성도 포함될 수 있어요. 남녀 차별이 없습니다. 그런 후 그들을 한 곳에 모아 집단 거주를 시켜요. 그들은 재산이 없어요. 그들은 결혼하지 않아요. 사유 재산이 생기거나 결혼을 하면 자신이 가진 것을 불리기 위해서 통치에 개인적인 감정이 들어가거든요. 그래서 탁월자들은 결혼도 할 수 없고 자기 재산도 가질 수 없어요. 그러면 성관계는 어떻게 하느냐, 성관계는 자유로워요. 모든 남성과 모든 여성이 자유롭게 성관계를 맺을 수 있어요. 그런데 강제로 맺게 되면 탁월하지 않잖아요? 그래서 기존의 탁월자가 룰을 정해줍니다. 전쟁이나 경쟁에서 승리한 자, 이런 자에게는 그 기회를 더 주는 겁니다. 전쟁이나 경쟁에서 승리했다는 것은 우성(優性)이잖아요? 굉장히 좋은 씨라는 거죠. 우수한 남자와 탁월한 여자들하고 관계를 맺어요. 그런데 그 관계를 맺는 자가 반드시 한 사람이지는 않아서 자식이 태어나도 결국 아빠는 누군지 모르고 엄마만 알게 되는 거죠. 그렇게 누구 자식인지 알 수 없는 자식이 나오면 그걸 엄마가 키우느냐? 아니에요. 그걸 또

격리시키기 위해서 감별합니다. 그래서 아이에게 금과 은이 아닌 쇠도 들어가 있다고 판단되면 과감하게 탁월한 자에서 제외되는 거죠. 굉장히 희한한 방식입니다.

그렇게 해서 어렸을 때부터 탁월한 자의 씨를 물려받은 이들을 모아서 명예욕이나 권력욕 따위는 아예 없이 그렇게 서로가 서로에게 의지하면서 오로지 국가만을 생각하게끔 양육을 합니다. 그리고는 전쟁에 참가시켜요. 그러면 죽는 사람도 생기겠죠? 어쨌든 살아남은 자들에게는 서른 살부터 논리학을 가르칩니다. 너무 어릴 때 가르치면 아이들이 되바라져서 말만 느니까, 나이가 좀 차야 철학을 가르치는 거죠. 그 전에는 시(詩)와 체육을 가르쳐서 몸과 마음을 키우고, 그 후에 우월한 정치를 하기 위한 철학을 가르치는 거죠. 철학을 가르쳐야 보이는 것만 생각하지 않고 보이지 않는 이데아, 이상을 꿈꿀 수 있는 능력을 가질 수 있거든요. 그래서 플라톤의 철학은 기본적으로 보이는 것의 철학이 아니라 보이지 않는 것의 철학입니다. 이데아의 철학이라고 하는데 그 이데아의 철학은 철저하게 이상주의인 것이죠.

이렇게 자란 사람이 통치자가 되면 나라를 다스리는 동안에는 어떠한 재산도 형성할 수 없습니다. 보통 사람이 먹고 사는 것만큼만 국가에서 제공을 해줘요. 그렇게 평생을 국가를 위해서 희생을 하다가 죽게 되죠. 그럼 최고의 명예가 주어집니다. 명예의 전당에 그 사람의 동상이 서는 겁니다. 그게 다예요. 허탈하지요. 자기 아버지가 누군지도 모르고, 재산도 없고, 결혼도 안 하고, 통치하는 동안에도 어떠한 사유 재산을 형성할 수가 없어요. 그래서 죽어라 국가를 위해서 봉사하다가 죽으면 명예의 전당에 동상 하나 딱 서는 것, 그러한 통치자가 가장 탁월한 통치자라는 거예요. 여러분 같으면 하시겠어요?

오늘날 국회의원들에게 "지금부터 그대는 우리나라를 통치하는 자로서, 일단 그대의 재산을 몰수하겠습니다. 그 대신 당신이 먹고 살 수 있을 만큼은 국가에서 월급을 줄게요. 그다음, 아내나 남편하고는 이혼하셔야 합니다. 자식과도 결별해야 합니다. 가족을 챙기면 안 되니까. 통치자의 가장 큰 아킬레스건은 자식이잖아요. 모든 대통령들이 임기 끝나고 나면 생기는 친인척들의 비리 문제의 라인을 아예 다 끊어버리겠습니다. 통치 과정에서 형성된 재산이 있으면 그건 무조건 압수예요. 당신은 훌륭한 분이니까 나라를 위해서, 끝까지 나라를 위해서 최선을 다해 살다가 돌아가십시오. 그러면 황금으로 동상 하나 딱 세워드립니다." 이런 조건을 걸면 국회의원 하시겠어요? 우리나라 국회의원 중에서 이런 제안에 콜! 하고 응할 사람, 아마 없을 겁니다. 플라톤이 꿈꾸는 탁월자 정치를 할 수 있는 사람은 없습니다.

민주주의에 대한 두려움

우리는 민주주의 사회에 살고 있는데, 플라톤의 입장에서 민주주의는 받아들일 수 없는 정치 체제였습니다. 아무것도 모르는 것들이 평등

의식만 있어서 자기 권리만 주장하고, 제 맘에 안 들면 까불고, 그러다가 정치가가 뭐라고 그러면 정치가에게 대들고, 데모나 하고, 자기가 뭘 하는지도 모르는, 그러한 것이 민주주의라는 거예요. 애비도 자식 눈치 봐야 하고, 자식은 애비 무시하고, 선생은 아이들 눈치 봐가면서 조심해야 되고, 아이들은 선생을 무시하고요. 질서가 완전히 엉망진창이고 유일하게 '나는 자유다!' 하는 이념만이 퍼져 있는 사회, 그게 바로 플라톤이 바라본 민주주의 사회였습니다.

플라톤은 민주주의 사회의 어두운 면을 분명히 본 사람입니다. 그런 점에서 민주주의 사회를 살고 있는 우리에게 많은 시사점을 주지요. 하지만 플라톤은 자유와 평등의 가치를 희화화하기도 하고, 절대적 진리인 이데아만을 주목하면서 다양한 의견이 풍성한 가치를 폄하하지요.

귀족주의자 플라톤의 이상은 '민주주의'인 우리 사회와 어울리지 않는 점이 많습니다. 플라톤은 탁월한 소수에 의해서 다스려지는 질서 있고 안정적인 나라를 구상했지만, 민주주의는 독재로 가기 위한 낡은 체제가 아니라 인류가 다양한 형태의 독재와 맞서 싸우고 지켜낸 이념이자 체제니까요. 그래서 플라톤의 《국가》를 읽다 보면 민주주의 사회에 사는 우리로서는 어떤 면에서는 고개를 끄덕이다가도, 어떤 면에선 굉장히 불쾌해집니다. '민주주의를 이렇게 싫어하나?' 싶어지죠. (플라톤도 당시 정치가들의 시선을 의식했는지, '이런 얘기를 하면 혼나겠지?' 같은 멘트를 꼭 써놓기도 했습니다.)

두 귀족주의자의 꿈

소인 출신인 공자의 귀족주의 이념이 시대를 잘못 만나 좌절되었듯이, 귀족 출신인 플라톤의 이상 국가 실험은 매번 실패합니다. 실패했다고 해서 꼭 잘못된 것은 아니지만 두 정치인의 이념을 실현하기에는 그들에게 적절한 시대가 아니었던 것이죠. 그럼에도 자신의 이상을 끊임없이 실험해보려고 노력했던 점은 높이 살 수 있습니다. 공자나 플라톤이나 평생에 걸쳐 자신의 귀족주의적 구상을 실현하려고 했으니까요.

공자와 플라톤의 이상은 당대의 결과를 보면 실패한 것 같아도, 이후 아시아나 유럽의 역사를 보면 귀족주의 이념이 역사의 주류가 되는 것을 알 수 있습니다. 근대 사회가 되기 전에는 대부분이 귀족주의 사회였어요. 물론 공자나 플라톤이 꿈꾸었던 윤리적 귀족주의 사회에는 한참을 못 미치지만, 어찌되었든 권력을 장악한 귀족들이 최소한의 윤리적 정당성을 확보하려고 노력하는 사회였다고는 볼 수 있지요. 그 점에서는 공자나 플라톤의 정치 이념이 크게 영향을 미쳤습니다.

하지만 현대 사회였다면 이들을 성공한 정치인이라고 말하기 어려울 것 같습니다. 물론 현재적 가치를 척도로 과거를 평가하는 것은 적절하지 않다고 말할 수 있어요. 그 점을 염두에 두어도 공자나 플라톤은 '군자'나 '탁월한 자'를 드높이느라 '소인'과 '일반 시민'의 역동성과 주체성을 간과했다는 점을 지적할 수 있습니다. 소인과 일반 시민을 긍정적으로 평가하고 그들에게 희망을 품었던 것은 오히려 공자의 반대편에 있었던 장자나 묵자 그리고 플라톤의 반대편에 있었던 소피스트들의 몫이었지요.

오늘날은 신분 제도가 사라져버렸기 때문에 귀족 정치를 주장하는 사람이 없습니다. 그런 주장을 하다가는 큰일이 나는 사회가 되었지요. 하지만 제도로서의 신분 제도가 사라졌다고 해도 현실에서의 신분 제도는 끊임없이 재생되고 있다고 생각합니다. 일류 대학을 꿈꾸느라 자신의 젊은 날을 고통 속에 보내는 입시생들의 머릿속에, 대기업에 취직하기 위해 취업 준비에 몰두하는 취준생들의 욕망 속에, 그러한 삶과 욕망을 부추기는 이 사회의 매스컴과 어른들의 가치관 속에 여전히 살아남아 있지요. 그것이 실제로 자신을 행복하게 만드는 꿈이라면 저는 꾸어도 된다고 생각합니다. 하지만 그러한 꿈이 자신의 삶을 파괴하고 절망과 좌절에 빠뜨리게 한다면 단호히 거부해야 한다고 생각해요.

몇몇 뛰어난 지도자에 의해 다스려지는 나라, 지식인들만이 대접받는 나라가 아니라 평범하지만 다양한 견해와 재주를 가지고 자신의 자유와 권리를 찾으려 노력하는 평민의 나라가 더욱 바람직한 나라가 아닐까요.

귀족이 아니면서 귀족적 가치와 제도를 꿈꾸었던 공자의 욕망과 우리는 얼마나 멀까요? 국가를 세 계급으로 나누고 소수에 의해 통치하려고 했던 플라톤의 욕망과 우리의 욕망은 또 얼마나 다를까요?

정치, 당당한 소인이 되자

오늘날 정치 영역에서 일반적인 국민이 자신의 주권을 행사하는 일은 투표할 때를 제외하고는 별로 없지요. 그렇게 투표해서 뽑아놓은 정치인들은 대부분 일류 대학이나 일류 기업 출신의 지식인이거나 많은 재산을 소유한 부자들, 기존에 권력을 누리고 있었던 권력자들일 가능성이 매우 높지요. 그들에게 평범한 국민을 위한 정치를 하라고 외치는 것은 고양이에게 생선을 맡기는 꼴이 아닐까요?

얼마 전 한 교육 관료는 술자리에서 1 대 99의 사회를 언급하면서 신분제는 어쩔 수 없이 공고화되어야 한다고 말하고, 99퍼센트에 해당하는 국민을 '개, 돼지'에 비유했습니다. 국민들의 공분을 자아내기에 충분했지요. 그래서 그 결과는 어떻게 되었나요? 기껏해야 그 교육 관료의 파면 정도 아니었던가요. 그러면 그 한 사람이 사라진다고 해서 나라가 나아질까요? 오히려 그 관료는 자신이 속한 사회의 대부분이 가진 무의식적 욕망을 그대로 투영하여 자신도 모르는 사이에 속내가 드러난 것은 아닐까요?

헌법에서 민주주의를 옹호한다고 하더라도, 형식적인 면에서만 민주적 절차가 행사되고, 그 내용은 고스란히 과거의 신분제, 귀족제를 유지하는 사회는 결코 민주주의 사회가 아니겠지요. 그러니 소수의 귀족(?)들에게 자신의 운명을 맡기는 일은 이제 그만하고, 국민 스스로 정치의 주체로 나서는 일이 필요한 사회가 도래했음을 깨달아야 합니다. 선거 때만 반짝 자신의 견해를 밝히는 소극적 주체가 아니라, 일상생활의 각 분야에서 매사에 자신의 의견을 밝히고 같은 의견을 가진 사람들끼리 조직하여 공부도 하고, 토론도 하고, 정책도 생산하는 적극적 주체로 당당히 나서야 할 때가 왔다는 겁니다.

정치적 귀족들이 민주주의를 조롱하면서 '우민(愚民)'이라고 우리를 지칭할 때에, 우리가 그들에게 너희들이야말로 국민의 고혈을 빨아먹는 '좀벌레'에 불과하다고 되돌려주어야 하지 않을까요? 더 이상 우리의 운명을 탁월(?)하지도 않고 타락한 자칭 소수 귀족에게 맡기는 것이 아니라, 우리가 힘을 합쳐 집단 지성의 힘으로 사회를 변화시켜 나가야 하지 않을까요? 각 개인의 힘은 비록 작지만 개인의 힘이 합쳐지면 거대한 힘으로 작동할 수 있음을 직접 보여주는, 차라리 당당한 소인이 되는 것이 더 낫지 않을까요.

| 제2강 |

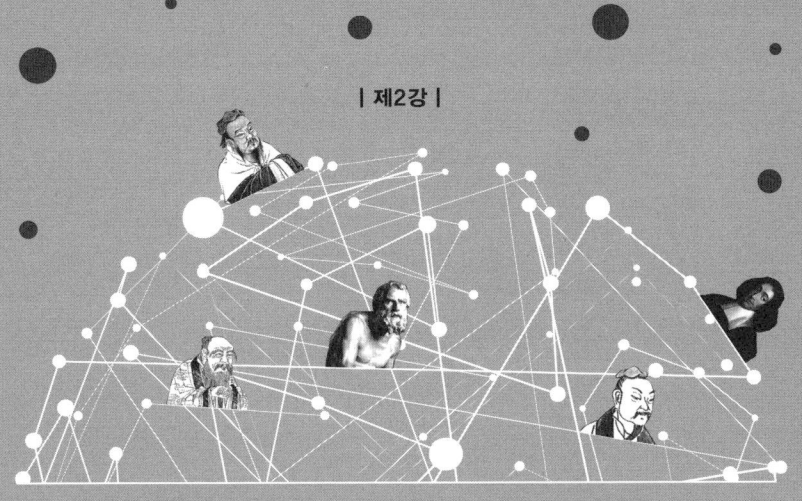

적어도 괴물은 되지 말자
- 맹자와 루소에 관하여

우리가 살고 있는 자본주의 사회는 모든 것을 경제적 가치로 환산하고, 인간의 욕망을 무한정으로 자극하는 사회입니다. 인간보다 돈을 중시하는 가치관 속에서 맹자가 추구한 성인(聖人)되기를 삶의 목표로 삼는 것은 거의 불가능에 가까운 것이지요. 그리고 루소가 말한 '자연'으로 돌아가는 것은 그보다 더욱 어려운 일일 것입니다. 하지만 성인은 되지 못할지언정 괴물이 되지는 말아야겠지요. 그것이 적어도 인간본성론에서 성선설을 주장하는 맹자의 주장이나 루소의 계몽 사회에 대한 한탄을 이해하는 우리가 지켜야 할 최소한의 예의라고 생각합니다.

여러분은 인간이 선하다고 생각하십니까, 아니면 악하다고 생각하십니까? 이 질문에 대한 대답은 다양한 각도로 접근해볼 수 있는데요. 각자의 경험에 따른 이야기를 하다 보면 결론이 나지 않을 것 같습니다. 이 세상에는 히틀러나 흉악한 살인자처럼 악한 면을 드러낸 사람도 많지만, 마더 테레사나 이름 없이 자원봉사를 하는 봉사자처럼 선한 면을 드러낸 사람들도 많으니까요.

《사피엔스》를 쓴 유발 하라리의 견해에 따르면 인류는 최소한 다섯 종 이상이 존재했다고 합니다. 그중에서 유일하게 남은 종이 사피엔스 종이고, 우리가 바로 사피엔스 종의 후손입니다. 그런데 어떻게 다른 종은 사라지고 사피엔스 종만 남게 되었을까요? 하라리는 호모 사피엔스 종이 다른 종과의 협력이나 통합을 통해서 생존한 것이 아니라 다른 종의 말살을 통해 종을 유지하는 전략을 택했다고 말합니다. 대규모의 인종 학살을 했다는 말이지요.

이 학설을 믿게 된다면, 현재 남아 있는 인류의 유전자 속에는 선함보다는 악함의 유전자가 더욱 많다는 결론에 도달합니다. 더욱 슬픈 것은 사피엔스 종은 같은 인류뿐만 아니라 거대 동물 종들도 멸종시키는 방식으로 자신의 영역을 넓혀왔다고 이야기합니다. 우리 인류는 정말로 잔인한 종이었다고 말할 수 있겠네요.

그런데 철학사에서 이러한 견해와는 정반대되는 견해를 피력한 두 명의 철학자를 발견할 수 있습니다. 동양에서는 맹자가 대표적이고, 서양에서는 루소를 꼽지요. 인간의 본성이 선하냐, 악하냐를 탐구하는 것을 인성론(人性論)이라고 하는데요. 이번 강의는 원론적인 주제, 인성론과 관련해서 동서양의 철학자 두 분을 비교하려고 합니다. 그런데 이 두 사람은 사실 너무나 많이 차이가 나서 두 사람 사이에 접점도 있지만 다른 점도 있으니 그런 것에 유의합시다. 우선 철학자가 살았던 시대, 그리고 철학자의 삶을 살펴보지요.

전국 시대 vs 계몽주의 시대

맹자(孟子, 기원전 372~289년)에 대해서 먼저 살펴보도록 하겠습니다. 맹자는 전국 시대(戰國時代, 기원전 403~221년) 사람입니다. 한비자보다는 두 세대 선배라고 보면 되지요. 한비자가 순자의 제자라고 알려졌는데 맹자는 순자보다 앞선 사람입니다. 그러니 전국 시대 중기에 활동했던 철학자라고 보면 됩니다. 이 시기의 특성은 패도 정치(覇道政治)

라는 말로 정리할 수 있습니다. 패도(霸道)라는 것 자체가 힘과 관련이 있습니다. 무력이나 형벌로써 사람들을 다스리고, 그 무력으로 자기네 나라를 지배함과 동시에 그 무력으로 약한 나라를 침략해서 병합하는 시대가 패도 정치의 시대라 할 수 있습니다. 패도 정치의 시대에는 민초의 삶은 더욱 곤고해지고 살기 어려워집니다. 군주 입장에서 보자면, 강한 힘을 가지고 세상을 지배하면 세상이 쉽게 다스려질 것 같은 느낌이 들잖아요? 가령 힘센 경찰이 쭉 경비를 서고 있으면 사람들이 나쁜 짓을 못할 것 아니에요? 예전에는 엘리베이터를 기다릴 때 이에 고춧가루가 끼었나 보기도 했는데, 요즘엔 주변에 CCTV가 있나 없나 확인하고, 혹시 누가 나를 감시하지 않을까 하면서 두리번거리잖아요. 그런 것처럼 무력이라고 하는 것은 보이는 형태로 드러나기도 하지만, 보이지 않게 내재되어 있기도 합니다. 그 자체가 사람들의 행동을 굉장히 위축시키지요. 바로 맹자의 시대가 그러한 시대입니다.

또한 이 시대를 '전국 시대'라고 불렀는데, 말 그대로 전쟁이 다반사로 일어나는 시대였기 때문입니다. 어저께 있었던 나라가 오늘 사라지고, 어제는 내 땅이었는데 오늘은 남의 땅이 된다든지 하는 일들도 빈번했던 시대였다고 할 수 있지요. 이러한 시대에 맹자는 패권, 다시 말해 무력을 통해 세상을 지배하는 것은 한계가 있으며, 단기간 효과를 볼 수는 있겠지만 그것으로는 세상을 제패할 수 없다는 강력한 자기의 사상을 여기저기 선전하고 자신의 뜻이 받아들여지기만을 간절히 바랐던 사상가입니다. 굉장히 열심히 자기의 믿음을 따라 살았던 사람이었지요.

한편 서양의 루소(Jean Jacques Rousseau, 1712~1778년)가 살았던 시대는 계몽주의 시대, 다시 말하면 근대가 막 형성되던 시기였습니다. 계몽이라는 말 자체가 굉장히 재미나는 말이에요. 계몽(啓蒙), 영어로는 이렇게 써요, enlightenment. 라이트(light)는 빛이죠. 무지의 상태, 암흑의 상태에 이성의 밝은 빛을 비춤으로써 무지와 암흑을 없애고 밝은 상태에 도달하게 하는 것, 무지몽매에서 벗어나게 하는 것, 그것이 계몽의 사전적 의미라고 할 수 있습니다. 그렇다면 우선 어둠의 시대를 전제해야지만 계몽을 말할 수 있겠지요? 그 어둠의 시대가 바로 중세입니다. 우리가 보통 중세를 암흑기라고 이야기하잖아요? 이성이 억압당하고 기독교를 중심으로 한 종교가 유럽 사회를 지배해서 기독교를 믿지 않으면 탄압받던 시대. 마녀사냥이 빈번했고 철학자들 중에서도 무신론자 같은 경우 화형을 당한다든지 하는, 암흑의 시대였지요. 당시 사회적 기반이 봉건제였습니다. 봉건제는 주나라의 제도잖아요? 그런데 서양에도 봉건제가 있었습니다. 아더왕 같은 경우 아시죠? 왕 아래 기사가 있고, 기사가 다스리는 땅 봉토가 있고, 그러니까 기사는 땅을 얻고 충성을 다하고, 왕을 위해 전쟁을 하는, 중세가 바로 그런 시대였습니다.

중세 봉건제 사회에서는 왕을 중심으로 정치적 지배가 이루어지고, 종교적으로는 교황을 중심으로 지배되었습니다. 이러한 시대에 신앙심으로만 평가해보면 사람들은 굉장히 안정적으로 살았습니다. 왜냐하면 자기의 믿음이 굳건했거든요. 광신이나 맹신을 가지고 있으면 사람들이 세상을 일목요연하게 생각할 수 있습니다. 만약 자신에게 불행이 닥쳐온다고 하면 '아, 이 불행은 하느님이 나를 벌하신 거야'라고 생각하고, 자기에게 행운이 닥쳐온다고 하면 '이 행운은 내가 어떤 착한 일을 했기 때문에 하느님께서 나에게 상을 주시는 거야'라고 생각했습니다. 심지어 종교심이 강한 사람은 자기한테 다가오는 불행에 대해서도 위안을 얻습니다. 팔 하나가 잘려도 '아, 팔 두 개 안 잘린 게 다행이지 뭐야?' 하면서요. 굉장한 자기 위안법이죠. 그런 의미에서 종교가 있는 사람들은 사태를 낙관적으로 볼 수가 있습니다. 그런데 종교를 가지고 권력으로 휘두르는 사람들이 문제죠. 백성들을 무지몽매한 상태로 떨어뜨려놓고 그들을 마음대로 착취할 수 있는 그런 시대가 바로 중세 사회였습니다. 그래서 중세 말엽에는 성직자들이 천국 티켓이나 죄를 없애는 티켓을 판매한다든지, 심지어는 결혼을 앞둔 처녀의 초야권을 먼저 영주가 행사하고, 신부가 처녀인지 아닌지 확인한 다음 시집을 보낸다든지 하는, 말도 안 되는 일들이 자행되었습니다. 그러한 무지의 시대에 최고의 이론적 근거가 신이었다고 한다면, 근대는 신을 통해 세상을 보려는 것이 아니라 인간의 이성을 통해서 세상을 보려고 했다는 점에서 중세와 구별됩니다.

근대에 와서 인간의 이성을 중심으로 세상을 볼 수 있는 힘이 생긴 것은 르네상스를 통해 인본주의적 사상이 복원되었기 때문입니다. 이때는 산업혁명을 거치면서 인간의 경제력과 사회의 물적 토대가 발전하는 시기이기도 하지요.

특급 재야 정치인, 맹자

이제 인물 탐구를 해보지요. 먼저 전국 시대의 맹자부터 살펴보겠습니다. 맹자는 중국 산둥 성 근처 추(鄒)나라에서 태어났습니다. 추라는 나라는 처음 들어보시죠? 얼마나 작았으면 처음 들어보겠습니까. 노(魯)나라는 들어보셨나요? 공자가 태어난 나라가 노나라입니다. 노나라 밑의 조그만 나라가 추나라입니다. 맹자는 거기서 귀족으로 태어났습니다. 그런데 잘나가는 귀족이 아니라 몰락한 귀족 집안이었지요. 그저 그렇게 살았겠죠. 어쨌든 귀족의 신분으로 태어났습니다. 문제는 뭐냐면 아버지가 일찍 죽었다는 거예요. 공자도 세 살 때 아버지가 죽잖아요. 맹자의 삶은 공자의 삶과 묘하게 일치하는 게 많습니다.

'맹모삼천지교(孟母三遷之敎)' 아시죠? 맹자 엄마가 맹자의 교육을 위해서 세 번이나 이사를 했다는 고사에서 나온 말인데요, 맹자를 어머니 혼자서 키웠다는 거죠. 공자 엄마도 혼자 고생하며 공자를 키웠는데, 맹자 엄마도 혼자서 맹자를 훈육한 겁니다. 맹자 엄마는 환경 결정론자였나 봅니다. 아마 맹자를 강남 8학군으로 이사시키지 않았을까 싶을 정도로 극성스러운 엄마였는데, 맨 처음에는 시장 같은 데서 살았나 봐요. 그랬더니 어린 맹자가 시장에 오고 가는 사람들을 구경하면서 "골라 골라, 싸요!" 이런 걸 따라하는 겁니다. 이거 안 되겠다, 이렇게 커서는 장사꾼밖에는 안 되겠구나 싶어서 이사를 갔습니다. 이번에는 무덤 근처로 갔지요. 장의사집 옆으로 갔나 봐요. 그랬더니 이번에는 맹자가 "아이고 아이고…." 곡을 하더랍니다. 여기도 물이 안 좋다, 마지막으로 이사 했던 곳이 서당 옆이었다고 해요. 그랬더니 글 읽는 소리를 듣고 맹자가 글 읽는 걸 따라 했다고 하는, 전설 같은 이야기입니다. 그게 진짜인지 가짜인지는 아무도 몰라요. 물론 사마천의 《사기》에 나오는 이야기입니다. 《사기》는 우리가 알고 있는 가장 유명한 중국의 역사서잖아요? 그러나 사마천이 일일이 다 직접 보지는 않았을 거잖아요? 자기가 볼 수 있는 건 확인하고, 볼 수 없는 것은 여러 가지 문헌들을 모아 종합하거든요. 그 종합하는 과정에서 사마천이 굉장히 많은 창작을 합니다. 대부분 사마천의 역사서를 굉장히 권위 있는 역사서로 평가하지만, 또 다른 한편으로는 사마천이 너무 과장이 심했다라고 평가하는 학자들도 많습니다. 사마천의 《사기》는 역사에 소설이 살짝 가미되어 있는, 유학자의 시선으로 쓴 역사책이라고 보면 됩니다.

어쨌든 맹자 엄마는 아주 극성스럽게 아이를 키웠나 봅니다. 이런 이야기도 있습니다. 어느 날 맹자가 공부를 그만두고 돌아왔더니 엄마가 천을 짜다 말고 맹자 보는 데서 칼로 천을 확 잘랐다는 거예요. 맹자는 깜짝 놀랐겠죠? 그랬더니 엄마가 "내가 이 천을 짜다가 확 자르면 팔 수가 없는 것처럼, 너도 공부를 하다가 도중에 그만두면 제대로 된 인간이 될 수 없다."며 맹자를 다시 학원에 보냈다고 하는 이야기입니다. 바로 맹모단기(孟母斷機)의 고사예요. 이로 미루어볼 때 맹자 엄마는 성격이 아주 깐깐했을 겁니다. 엄모시하(嚴母侍下)! 엄한 어머니 밑에서 자란 맹자가 어떤 성격을 갖게 되었는지 참 궁금해요. 만약에 그 당시에도 심리학자가 있었다면 맹자의 심리를 굉장히 재미있게 분석하지 않았을까요? 심리학을 전공하신 분이 이런 일화들을 보고 맹자의 콤플렉스를 심리적으로 분석해서 책으로 출간하면 대박이 날지도 모릅니다.

그 이후 언제인지는 정확히 추정할 수는 없지만 맹자가 제나라로 유학을 갔습니다. 더 큰물에서 놀고 싶었던 거지요. 맹자의 사상은 혼자 독방에 앉아 공부해 만들어졌다기 보다는 전국을 다니면서 유명한 사상가들과의 교류를 통해서 무르익어갔다고 보는 것이 맞습니다. 그렇기 때문에 공자하고는 다릅니다. 공자는 노나라에서 쫓겨나서 전국을 돌잖아요? 맹자는 쫓겨난 게 아니라 자발적으로 전국을 돕니다.

공자는 쫓겨났기 때문에 승용차가 한 대 밖에 없어요. 공자 시대에 승용차는 마차죠, 수레. 이 마차는 귀족밖에는 탈 수 없는 거예요. 공자가 노나라 때 지금으로 치면 법무부장관에 해당하는 대사구라고 하는 높은 지위에 올라갑니다. 법무부장관쯤 되면 왕이 자동차 한 대쯤 줘야 하잖아요. 그래서 자동차 한 대 격인 수레를 준 것이죠. 수레를 타고 돌아다니다가 마지막에 노나라에서 쫓겨날 때는 월급도 못 받고 땅도 도로 반납해야 했습니다. 그런데 수레는 반납을 안 해도 되었나 봐요. 어쨌든 공자가 이 수레를 얼마나 소중하게 생각했는지 몰라요. 제자가 죽어 장례를 치르려고 해도 수레를 부수지 못하게 합니다. "관이 없어 관을 짜야겠는데 수레를 부수어 관을 짜면 어떨까요?" 하니까 "안 된다, 내가 이걸 부수면 어쩌겠느냐, 나의 근거가 사라진다." 하며 거부하지요. 심지어는 아들이 죽었을 때도 수레를 못 부수게 해요. 당시로 치면 수레를 가지고 있느냐 아니냐가 자신의 신분을 나타내는 지표였던 셈이지요.

그렇게 공자가 수레 한 대로 돌아다녔다면, 맹자는 장난이 아닙니다. 수레가 기본적으로 열 대가 넘어요. 수레가 열 대면 그 뒤에 따라다니는 사람이 얼마나 되었겠어요. 엄청나겠죠? 공자의 이동 모습과 맹자의 이동 모습을 상상하시면 굉장히 큰 차이가 나요. 공자는 쫓겨나 초라한 행색에다 헐벗은 제자들이 따라다녔다면, 맹자는 완전히 준비된, VIP에 가까운 모습이었습니다. 수레가 열 대 넘게 줄을 서고 그 뒤로 추종자들 백여 명의 행렬이 이어졌지요. 그렇다면 맹자를 한번 초청하려면 그 수레 열 대와 백 명의 사람들을 먹여 살릴 생각을 하고 초청해야겠죠? 공자는 자기가 찾아다녔지요? 그런데 맹자는 초청하지 않으면 안 갔습니다. 맹자는 누가 자기를 불러줘야지만 갑니다. 불러줬을 때도 혼자 가지 않고 호화스러운 까만 세단 열 대를 딱 몰고 뒤에 경호원 붙여서 좌아악 가는 겁니다. 그러면 그 모습만 봐도 이 사람을 어떻게 대접해야 할지 알게 되는 거죠. 제가 직장 생활을 짧게 한 적이 있는데 그때 제 차가 아주 후진 차였어요. 그랬더니 직장 선배가 "너 그런 차 몰고 다니면 안 된다, 돈 못 번다." 그러는 거예요. 왜 그러냐고 물었더니, 차는 기본적으로 세단을 몰아야 어디를 통과하든 인사를 받는다고 하더라고요. 실제로 그랬어요. 제가 옛날 차 몰고 다닐 때는 가는 곳마다 걸렸는데 괜찮은 차를 뽑아 몰고 갔더니 경례를 딱 하더라고요. 그런데 맹자는 그런 차가 열 대 이상이었으니, 말 다했죠? 그래서 맹자는 자기 돈으로 돌아다닌 적이 없습니다. 심지어 초대한 나라에서 떠날 때도 전별금이라고 하는 돈을 받고 떠났어요. 대단한 인간인 거죠. 공자하고는 돌아다니는 급이 달랐다는 걸 알 수 있어요.

여민동락과 민본주의

맹자가 전성기 때 제일 먼저 만난 사람이 양(梁)나라 혜왕(惠王)입니다. 양 혜왕은 원래 위(魏)나라의 혜왕이에요. 위나라는 전국 시대 가장 강한 나라 중 하나였거든요. 그런데 잦은 전쟁을 치르면서 땅도 많이 빼앗기고 수도도 안읍(安邑)에서 동쪽인 대량(大梁)으로 옮기게 됩니다. 위나라의 땅이 엄청 줄어든 거죠. 그 후로 위 혜왕이 아니라 양 혜왕이라고 부르게 됩니다. 엄청난 세력을 가지고 전국 시대를 제패했던 패군중의 하나였지만, 이제는 기운이 떨어져버린 사람이 바로 양 혜왕입니다. 죽을 때가 거의 다 된 것이지요. 그렇지만 양 혜왕은 맹자라면 국운을 되살릴 수 있을 거라는 기대를 안고 맹자를 초빙합니다. 초빙하면서 던진 질문이 굉장히 멋있는 질문이에요. 양 혜왕은 당연히 자기네 나라가 점점 줄어들고 있으니까, 맹자가 오면 자기네 나라를 다시 중흥을 시킬 비책을 가지고 올 거라고 생각했겠지요. 맹자더러 그냥 놀러오라고 하지는 않았을 거잖아요. 맨 먼저 "그대는 먼 곳에서 오셨는데 나에게 무슨 이익을 주기 위해서 오셨습니까?" 하고 묻습니다. 맹자는 엄청난 돈을 받고 왔으니까 무슨 이익을 줄 거라고 이야기를 해야겠지요. 그런데 맹자는 오히려 쌀쌀맞게 굴어요. "저를 여기까지 불러놓고서 이익을 말씀하십니까?"라고 되물으면서 이야기하는 게 "나에게는 인(仁)과 의(義)밖에 없습니다." 그러는 거예요. 왕에게 알려드릴 것은 인과 의밖에 없다고요. 인과 의는 요즘 말로 하면 사랑과 정의죠. 사랑과 정의 외에 임금에게 가르칠 것이 없다고 합니다. 양 혜왕이 굉장히 당황스럽지 않겠어요? 맹자에게 함부로 대할 수는 없었겠지만요.

맹자가 말하기를, "임금님께서 이익을 추구하시면 신하들도 이익을 추구할 것이고, 신하가 이익을 추구하면 신하의 부하들도 이익을 추구할 것이며, 그 밑에 사람들도 이익을 추구하고……. 그렇게 모든 백성이 이익을 추구한다면, 이익이 되지 않는 일은 아무도 안 할 것 아니겠습니까? 그런데 만약에 임금님께서 사랑과 정의를 추구하신다면 그 신하도, 그 신하의 부하도, 쭉 내려가다 보면 모든 백성이 사랑과 정의를 기준으로 해서 살아갈 것 아니겠습니까? 이익은 단기간에 득이 되지만, 사랑과 정의는 가장 근본이 되는 것이기 때문에 사랑과 정의를 바탕으로 해야만 나라가 크게 될 수 있습니다. 이익만을 추구하는 나라는 곧 망하겠지만, 사랑과 정의를 실현하는 나라는 흥할 것입니다." 라면서 자기의 정치 철학을 쫙 펼쳐요.

하지만 양 혜왕은 이미 너무 늙었어요. 맹자의 말은 좋은데 그것을 실현하려면 시간이 많이 걸려요. 법은 만들어서 곧장 실행하면 되잖아요? 사랑과 정의는 말은 좋은데 실현하는 데 굉장히 오랜 시간이 걸리지요. 그렇지만 맹자가 뛰어난 사람이란 걸 알았기에 계속 붙잡아 둡니다. 하지만 얼마 못 가 양 혜왕은 죽고 맙니다. 양 혜왕이 죽자 아들이 왕위를 계승합니다. 바로 양왕(襄王)이지요. 맹자가 아들을 살펴봤더니 약간 상태가 안 좋아요. 혜왕은 그래도 자신을 잘 대접하는 왕이었는데 양왕은 대접도 안 해줘요. '아, 여기 있으면 안 되겠구나' 여기면서 딱 일어섭니다. 맹자는 돈을 보고 돌아다니는 사람이 아니었어요. 자기의 사상을 실현할 수 있는 강력한 나라가 건설되기를 바랐던 사람이지요. 이미 싹수가 틀렸는데 거기 있을 일이 없는 거죠. 월급을 천만 원 아니라 일억을 준다고 해도 싫었을 겁니다. 그래서 옮겨간 나라가 제나라입니다.

전국 시대 가장 큰 나라가 세 곳이 있었는데 동쪽으로 제(齊)나라, 남쪽으로 초(楚)나라, 서쪽으로 진(秦)나라였습니다. 그중 맹자가 자신의 전성기 때 가장 오랜 기간 있었던 나라가 제나라예요. 그때 맹자가 만났던 왕이 바로 제나라 선왕입니다. 제선왕은 맹자를 아주 잘 대접합니다. 참 재미난 게 맹자는 제선왕의 신하가 된 적이 없어요. 신하가 되면 왕 밑으로 들어가야 되잖아요. 신하는 왕의 말을 들으며 자기 직분을 해야 돼요. 그런데 지금 맹자는 제나라 왕의 신하가 되기 위해서 간 게 아니에요. 왕의 자문 위원, 곧 왕의 스승이 되기 위해 간 것이죠. 그러니까 신하 급이 아닌 겁니다. 맹자는 제나라에 가서 최고 자문위원쯤 되는 경(卿)의 대접을 받습니다. 맹자는 대접을 받은 만큼 전심전력을 다해서 자신의 인(仁)의 정치를 주창하고 이를 실현하려고 끊임없이 노력하지요. 맹자가 만난 제선왕(宣王)은 여자와 술과 놀이를 좋아해, 맹자에게 여자를 좋아한다고 털어놓습니다. 이런 이야기를 할 수 있을 정도면 맹자를 아주 신뢰했다는 거죠. "내가 여자를 좋아하는데 그래도 되겠느냐?" 그랬더니 맹자도 이제 나이가 들면서 노하우가 생겼는지, 노회한 대화술을 펼칩니다.

맹자가 "여자 좋아하십니까? 잘된 일입니다." 하자, 왕이 "뭐가 잘

되었다는 것이냐?" 하고 묻습니다. 이에 맹자는 "임금님이 여자를 좋아하시면 임금님이 다스리는 제나라에도 여자를 좋아하는 남자들이 많아질 것 아닙니까? 보아하니 제나라는 아직 장가를 못 간 사람이 많더군요. 그러니 그네들을 먼저 장가 보내십시오. 그러면 제나라 총각들이 '우리 임금님께서 여자를 좋아해서 내가 드디어 장가를 가는구나, 우리 임금이시여 여자를 영원히 좋아하소서, 만세!' 이럴 거 아닙니까?"

"오, 그래? 그럼 한 가지 더. 내가 노는 것을 진짜 좋아해." "노는 것 좋아하셔도 됩니다. 예를 들어 호수 공원을 만들어서 임금님 혼자 놀지 마시고 공원을 개방해 모든 백성과 함께 노십시오. 그러면 며칠 안 가서 사람들이 '우리 임금님이 노는 걸 좋아하셔서 우리가 이렇게 좋은 놀이터를 갖게 되었구나' 하지 않겠어요?"

재미삼아 설명했지만 핵심은 분명합니다. 혼자 좋아하는 여자, 혼자 즐기는 음악, 혼자 즐기는 놀이보다 백성들과 같이 좋아하고 즐기면 된다는 거지요. 이게 맹자의 굉장히 중요한 사상 중 하나입니다. 바로 여민동락(與民同樂)! 혼자 좋아하지 말고 백성과 더불어 즐거움을 나누어라. 이것 말고도 온갖 에피소드가 더 있습니다. 지금 여기서 중요한 것은 맹자가 왕을 기준으로 삼고 있는 것 같지만, 사실은 그렇지가 않다는 겁니다. 백성과 더불어 하는 정치를 하느냐, 백성을 그저 부리기만 하는 억압의 정치를 할 것이냐, 이게 맹자 정치 철학의 핵심입니다.

이러한 맹자의 사상을 바로 민본(民本) 사상이라고 하는데요. 제선왕은 맹자의 사상을 실현해보려고 노력했어요. 하지만 맹자가 이렇게 제선왕과 친하니까 주변 사람들이 맹자를 질투하겠죠? 제선왕은 지금 맹자의 생각대로라면 인과 의의 정치를 해야 되잖아요? 다른 나라를 쳐들어가는 게 가능하겠습니까, 불가능하겠습니까? 불가능하겠죠? 그런데 연(燕)나라에서 난리가 났습니다. 자기들끼리 싸우기 시작하지요. 지금 빨대만 꽂으면 연나라는 내 것이 될 것 같습니다.

맹자에게 물어보죠. "연나라를 쳐야 되겠습니까, 안 되겠습니까?" 그러자 맹자는 "연나라가 어려우니까 연나라를 칠 수 있습니다."라고 얘기해요. 그걸 쳐도 된다고 듣고 연나라를 쳐요. 연나라가 혼란에 빠져 있으니, 그 혼란이 해결되면 나머지는 연나라에게 맡기고 그만 철군해야 되잖아요? 그런데 제선왕은 철군하지 않고 뭉그적대요. 그러니 연나라뿐만 아니라 주변 나라에서도 제선왕에 대해서 수군대기 시작합니다.

마치 이런 상황인 거죠. 미국이 이라크가 독재에 빠져 있는 것을 보고 이라크를 구원하겠다고 하면서 쳐들어갑니다. 이라크에 민주 정부가 서고 나면 미국이 나와야 되잖아요? 그런데 계속 주둔하지요. 그러면 이라크 사람들이 쟤들은 우리 민주화를 위해서 싸워준 게 아니라 뭔가 다른 뭔가를 꿈꾸고 있는 게 아닌가, 하는 생각을 하면서 미국에 대한 저항이 일어나지요. 이와 같이 질서를 잡아주었으면 나와줬어야 합니다. 그런데 안 나오고 뭉그적거렸던 것이죠.

이 사건은 맹자와 제선왕의 관계가 틀어지는 데 결정적인 역할을 합니다. 맹자는 나와야 된다고 합니다. 당신이 거기에 있으면 안 된다고, 계속 거기 있으면 폭군이 되는 것일 뿐이라고 말해요. 그러나 이 땅이 워낙 큰 덩어리거든요. 제선왕은 물러서지 않습니다. 그때부터 맹자는 제나라로부터 돈을 받지 않아요. 그러고는 떠나야 할 때가 되었나보다 생각하고는 자기 고향인 추나라로 돌아갑니다.

그 이후로 맹자는 큰 나라에 가지 못합니다. 추나라 주변에 있는 조그만 나라들만 돌아다니지요. 예를 들어 등(滕)나라 같은 경우에는 아주 작은 나라라, 전국 시대 패권을 장악할 수 있는 나라가 아니지요. 국가의 운명이 오늘내일하는 나라입니다. 이때 등나라는 문공(文公)이라는 젊은 왕이 다스리고 있었습니다. 등문공은 왕자 시절부터 맹자를 좋아했던 사람이라 자기가 왕위에 오르자 맹자를 초청합니다. 왕자 때부터 맹자님을 흠모했으니, 우리나라에 와서 정치적 자문을 좀 해주십사 하고 부탁을 합니다. 맹자가 보니까 나라가 자신의 포부를 펼치기에는 나라가 작은 거지요. 오히려 국운이 풍전등화였습니다. 그래서 맹자는 이렇게 이야기합니다. "그래도 임금님께서는 선정을 베푸십시오. 인과 의의 정치를 베푸십시오. 그리고 성곽 주위로 해자를 깊게 파고 성(城)을 단단하게 세우십시오. 언제 적이 쳐들어올지 모르니 그렇게 단단하게 세우시고, 성 안의 백성을 사랑으로 보살펴주십시오. 그러면 강대국이 쳐들어온다 할지라도 임금님의 사랑을 받은 백성들은 결코 그 성을 버리지 않을 것입니다. 적이 엄청난 칼과 갑옷을 입고 덤빈다 할지라도 백성들이 몽둥이 하나를 들고서라도 그 갑옷 입은 병사들과 맞서 싸울 것입니다. 그게 바로 이 나라가 살 길입니다." 약소국이기에 감당해야 할, 굉장히 슬픈 이야기지요.

물론 맹자 사후에 등나라는 사라집니다. 어쨌든 큰 나라의 초청을 받아 돌아다니면서 인정을 베풀기 위해 여러 조언을 했으나 이것을 실행할 나라는 없다는 것을 알게 돼요. 맹자는 말년에 더 이상 돌아다녀봐야 정치적 효과가 없겠다고 판단하고 고향으로 돌아옵니다. 그리고 고향에서 자기의 책을 썼습니다. 《맹자》는 맹자가 정리한 책인 동시에, 맹자 문하의 많은 제자들이 맹자와 함께 토론을 하면서 맹자의 책을 정리한 것입니다. 그게 지금의 우리에게 전해졌지요. 맹자의 삶을 보면 맹자가 자기의 주장을 관철하기 위해 얼마나 많은 사람과 싸웠는지 알 수 있어요. 싸움꾼 중에서도 그런 싸움꾼이 없어요. 춘추 전국 시대를 통틀어 가장 강력한 싸움꾼입니다. 그에 비해 공자는 싸움꾼이 아니었습니다. 공자는 관조할 뿐이지요. 싸움을 할 때 "어, 이게 아닌데, 저건 좀 위험한데?" 하는 게 공자 스타일이라면, 맹자는 "일루 와 시키야, 일루 와! 아주 초전 박살 내줄게." 맹자가 휘두르는 혀를 당할 사람이 없어요. 읽다 보면 너무 심하게 맹자 중심으로 썼다는 생각이 들 정도입니다. 맹자는 그렇게 인과 의의 정치를 실현하기 위해서 온몸을 불살랐던 특급 재야 정치인이라고 볼 수 있습니다. 굉장히 크고 화려했지요.

루소의 생애, 광기와 방랑

이번에는 서양으로 넘어갑니다. 루소 생애의 특징은 '광기와 방랑'이라고 할 수 있습니다. 루소의 광기와 방랑은 어렸을 때부터 이미 운명지어진 것일지도 모릅니다. 어머니는 루소를 낳으면서 돌아가십니다. 아버지가 키워야 하는데 키울 마음이 없었습니다. 자기가 아는 목사에게 루소를 맡기고 제 갈 길을 갑니다. 아주 어릴 때부터 조실부모(早失父母)한 것과 마찬가지였습니다. 어머니 돌아가시고, 아버지 도망가고, 혼자서 완전히 천덕꾸러기로 자라게 됩니다. 어느 누구에게도 도움받지 못하는 루소가 올바로 자랄 수 있었을까요? 천덕꾸러기니까 주변에서는 무슨 문제라도 생기면 루소부터 쳐다보겠지요? 사과가 하나 없어져도 "저 자식은 엄마 아빠가 없잖아?" 하며 루소를 먼저 의심합니다. 그래서 루소는 어렸을 때부터 굉장히 불우하게 자랐습니다. 이러한 환경은 루소의 청년기에도 영향을 미칩니다. 루소는 직업을 구해보지만 오랫동안 일할 직업을 구하지 못합니다. 사회에서 고아를 어떻게 취급할까요. 부모님이 있으면 무슨 일이 생겼을 때 부모님이 어떻게 할지 모르니까 함부로 못 대하지만 고아라면 막 함부로 대하지요. 때리기도 하고, 굶기기도 하고요. 고아는 시키는 대로 온갖 잡일을 하면서 두들겨 맞고 쫓겨나고, 또 다른 곳에 가서 두들겨 맞고 쫓겨나고. 루소가 그나마 오랫동안 한 일이 있다면 악보를 베끼는 일이었습니다. 악보 필경사 루소는 악보를 기가 막히게 베꼈지요. 당시엔 인쇄술이 발달하기 전이라, 작곡가가 괴발개발 쓰면 필경사가 깨끗하게 베꼈습니다. 그게 루소가 가졌던 유일한 전문직종이 아니었나 싶습니다.

루소는 얼굴이 잘생겼고, 눈은 호소력이 있었습니다. 인생은 불행했지만 눈이 촉촉하고 우수에 차 있는 꽃미남이라 귀부인들이 루소를 좋아했습니다. 어른이 된 루소에게 방을 빌려주는 사람은 다 귀부인이었습니다. 빌려줄 때 다 착한 마음으로만 빌려줬겠어요? 아니겠죠? 예쁘고 잘생긴 사람을 자기 손아귀에서 어떻게 해보고 싶은 마음이 있지 않았겠어요? 루소는 돈이 워낙 없으니까 그런 귀부인 밑에 들어가서 좀 있다가 귀부인이 음흉한 본색을 드러내면 떠나는 생활을 반복했습니다. 정말 비참하죠.

루소의 유일한 위안은 귀부인이 아니라 독서였습니다. 루소는 자기의 불우한 나날을 독서를 통해서 버텨냅니다. 옛날에는 논문 같은 걸 공모해서 1등을 하면 상 주는 게 있었어요. 길거리에서 논문 공모한다는 전단을 우연히 딱 보고서 '어라? 저거 해볼 만한데?' 하고 논문을 순식간에 딱 써서 냈어요. 어떻게 됐게요? 1등으로 뽑힙니다. 그 논문이 바로 《학문 및 예술에 관한 논고》(1750)입니다. 루소가 살았던 시대의 지배적 사조는 계몽주의였습니다. 그러면 1등으로 뽑힌 루소의 논문이 계몽주의를 지지하는 것이라고 생각하기 쉬운데, 루소는 정반대의 논조로 썼어요. 학문과 예술이라고 하는 것은 인간을 자유롭게 하는 것이 아니라 오히려 지배자가 자기의 간악한 지배를 미화시키기 위해 사용하는 도구에 불과하다, 모든 학문은 가짜다, 모든 예술은 가짜다! 이렇게요. 정말 도발적이죠? 모든 사람이 계몽의 가치에 찬성을 하는 시기에, 계몽의 가치에 반기를 드는 논문을 쓴 겁니다. 이 논문 하나로 루소는 일약 스타가 되지요.

그다음에 응모한 작품이 《인간 불평등 기원론》입니다. 자기가 학문과 예술에 관한 논고를 쓰고 나서 그 논지가 좀 아쉬웠는지, 논지를 강화하면서 보다 근본적으로 근대 사회를 분석하려고 했던 논문이 바로 〈인간 불평등 기원론〉이지요. 지금 루소가 살고 있는 시대가 불평등한 시대라는 거예요. 사실은 계몽주의 사상가들은 중세보다 훨씬 사회가 평등하다고 믿었어요. 인간은 자유, 평등, 박애를 향해 나아가고 있다고 믿었던 것이죠. 그런데 거기에 뜬금없이 인간 불평등 기원론을 딱 내민 것이죠. 이《인간 불평등 기원론》은 루소 사상의 정수입니다. 왜 인간은 불평등할 수밖에 없는가를 논증한 아주 기가 막힌 책입니다. 분량도 적고 우리나라에 번역도 잘 되어 있어요. 이 논문으로 몇 등을 했을까요? 이번에는 당선되지도 않지요. 하지만 루소는 그것을 당연한 결과라고 생각했어요. 루소 자신도 당선을 목표로 쓴 글이 아니었으니까요. 루소는 담담히 결과를 받아들이고, 다시 정서해서 출간을 합니다.

 그 이후에 루소는 교육소설《에밀》과《사회 계약론》이라는 책을 씁니다.《에밀》과《사회계약론》은 이《인간 불평등 기원론》의 사상에 근간을 두고 쓴 책 입니다. 그리고 루소는 계몽주의 사상을 비판하는 아주 위험한 사람이 됩니다. 그래서 루소의 책은 금서로 낙인찍히고, 동시에 루소에 대한 체포령이 떨어집니다. 그때부터 루소는 도망을 시작하지요. 그런 도발적인 반항아 루소를 호의로 받아준 사람이 많았어요. 대표적으로 영국에서는 경험주의 철학의 대가 흄(David Hume)을 들 수 있지요. 그런데 이때 이미 루소는 약간 광기에 사로잡혀 있었습니다. 모든 사람이 자기를 미워하고, 감시하고, 자기한테 호의를 베푸는 것조차도 혹시 자신을 감시하기 위한 하나의 함정이 아닐까 생각하기 시작했지요. 항상 주의를 기울이고, 의심하고, 성마르게 화내고, 천재성을 발휘하다가도 갑자기 휙 토라지곤 했습니다. 도대체 종잡을 수 없는 사람이 되어버리고 맙니다. 그러면서도 이후에 다양한 저술을 쓰고, 말년에 가서는 자기의 삶을 성찰하는 글인《고독한 산책자의 몽상》같은 책도 씁니다. 그러나 그러한 글조차도 그의 광기를 잠재울 수는 없었나 봅니다. 1778년 결국 루소는 뇌일혈로 아주 불행하게 삶을 마감합니다.

 루소가 결혼을 한 적이 있었습니다. 자신을 시중들던 하녀와 결혼했지요. 그리고 자식을 다섯이나 낳았습니다. 그런데 무슨 영문인지 다섯 아이를 모두 직접 키우지 않고 고아원으로 보내버렸습니다. 루소가 쓴 교육 소설 중 《에밀》은 어찌 보면 고아원에 보내버린 자기 자식을 생각하며 쓴 건지도 모르지만, 교육 소설을 쓴 사람이 다섯 이나 되는 자기 자식을 전부 고아원에 보냈다는 것 또한 역사의 아이러니가 아닐 수 없습니다.

찬란한 삶을 살았으나 자기 꿈을 실현하지 못한 맹자, 찬란한 작품을 썼으나 끝내는 광기에 사로잡혀 죽고 만 루소, 이 두 사람이 펼치는 사상의 대향연을 맛볼 시간입니다. 앞에서 맹자의 시대와 생애, 불행한 인간 루소의 시대와 생애에 대해 살펴보았다면 지금부터는 인성론을 중심으로 살펴보겠습니다.

동양철학에서 다룬 인성론

인성론을 다룬 사람은 맹자만 있는 것은 아닙니다. 인간이 선하냐, 악하냐 하는 인성론 문제는 요즘 대학교 논술 문제에서도 자주 다뤄집니다. 인간이 선한가요, 악한가요? 인간이 선한지 악한지 우리는 알 길이 없습니다. 선한 면이 있기도 하고, 악한 면이 있기도 하지요. 사실은 인간만이 아니라 새들도 선한지 악한지 모를 일이지요. 어찌 보면 굉장히 선한 것 같아요. 엄마가 먹이를 물어와서는 자신이 배가 고파도 먹지 않고 새끼에게 먼저 주잖아요. 동물도 그런 측면에서는 선하다고 할 수도 있습니다. 보는 관점에 따라 달라지지요. 그래서 선과 악을 구분 짓는 논의의 배경에 무엇이 있는지 살펴보아야 하는 것입니다.

인성론은 시대적인 상황 속에서 어떠한 삶을 살아야 하는지에 대해 아주 기본적인 전제를 만들기 위해서 시작된 것입니다. 예를 들면, 법을 통해 세상을 다스려야 한다는 사상이 법가 사상이지요? 그것은 법이 없는 사회는 뭔가 문제가 있다고 생각하는 것입니다. 그럼 어떤 생각을 전제할까요? 인간은 악하다는 생각을 전제하겠지요. 악하니까 악을 다스리기 위해서 법이 필요하다고 생각하는 것이지요. 반대로 그런 폭압적인 정치가 아니라 인간 본래의 모습을 잘 살려주면 인간의 삶은 아름다워진다고 생각하는 것은, 인간은 선하다는 생각을 전제합니다. 또는 그보다 좀 더 순정적 차원에서 보자면 인간은 태어날 때는 그 자체로 선하지도 악하지도 않은데 선한 환경을 만나면 선해질 수 있고, 악한 환경을 만나면 악해질 수 있다고 생각할 수도 있습니다. 마치 아이가 정글에서 태어나면 정글의 아이로 자라고, 문명 사회에서 태어나면 문명 사회의 아이로 자라나는 것처럼 선천적인 게 문제가 아니라 후천적으로 인간의 본성은 달라질 수 있다, 뭐 이렇게 이야기할 수도 있습니다. 하지만 인성론은 인간 본성에 어떤 실체나 본질이 있다고 주장하는 것이 아니기에 정치적 혹은 사회적 관점에서 생겨난 것임을 알아야 인성론을 이해하는 데 도움이 될 것입니다.

고자 대 맹자, 성무선악설과 성선설

고대 중국에는 인성론이 굉장히 많습니다. 대표적인 인성론이 세 가지 있습니다. 그 세 가지 중에 두 가지를 《맹자》가 다루고 있습니다. 《맹자》 책에는 '고자(告子)' 편이 있습니다. 고자는 제나라의 대학자입니다. 사상적 계보로 치면 도가 쪽의 사상가지요. '도가(道家)' 하면 뭐가 떠오르나요? 자연이 떠오르시죠? 도가에서 자연은 악한 것이 아니잖아요? 악하지도 선하지도 않은 것이거든요. 고자는 인간이 악하지도 선하지도 않다고 생각했습니다. 말하자면 성무선악설(性無善惡說), 원래 본성이라고 하는 것은 선과 악이 없다는 것입니다.

고자는 성무선악설을 이야기하면서 몇 가지 사례를 듭니다. 그 중에 가장 대표적인 사례로 물을 듭니다.

물은 탕탕히 흘러갑니다. 막히면 고이기도 하고, 돌아가기도 하고, 넘쳐흐르기도 하지요. 고자가 보기에 물의 성질은 인간의 본성과 유사합니다. 막 움직이고 싶어 하지요. 그런데 움직이고 싶어 하는 물의 물길을 동쪽으로 트면 동쪽으로 흘러가겠죠? 서쪽으로 트면 물이 서쪽으로 흘러가고요? 그처럼 인간의 본성은 선하지도 악하지도 않고 그저 물처럼 흘러가고 싶은 것인데, 그것을 선한 쪽으로 이끌면 선하게 되고, 악한 쪽으로 이끌면 악하게 된다는 것이 고자의 기본적인 생각이었습니다. 오히려 선과 악 이전에 인간의 본원적인 생명력, 탕탕하게 흘러가는 본원적인 생명력을 좀 더 강조하는 입장이라고 볼 수 있습니다.

　고자의 이런 의견에 맹자가 뭐라고 대답할 수 있을까요? 물론 물은 동쪽으로 흘러가기도 하고 서쪽으로 흘러가기도 하지요. 그런데 근원적으로 물은 위에서 아래로 흘러가지 않습니까? 물이 위에서 아래로 흐르는 것처럼 인간의 본성은 선한 방향으로 흘러가게 되어 있습니다. 물론 인위적인 조치를 취해서 물을 거꾸로 치솟게 할 수도 있습니다. 분수처럼 인위적으로 물을 뿜어 올릴 수도 있습니다. 그러나 그 힘이 다하면 분수는 또다시 밑으로 내려갑니다. 끝없이 올라가는 게 아니지요. 그처럼 인위적으로 인간을 악하게 할 수 있으나 본성을 잘 살려보면 인간은 당연히 선한 방향으로 흐르게 되어 있다고 이야기합니다.

　또 고자가 이런 말을 해요. "인간의 본성은 버드나무와 같다. 이 버드나무를 가지고 그릇을 만드는 것이 버드나무가 원하는 것이겠느냐? 버드나무는 그냥 버드나무로 살고 싶은데, 인간이 거기에 어떤 인위적인 노력을 더해, 다시 말해 버드나무를 자르고 휘고 파서 그릇을 만드는 것에 불과하다. 그것은 버드나무가 가지고 있는 본래의 본성은 아니다." 이런 고자의 말에 맹자가 대꾸합니다. "버드나무가 부드럽게 휘는 본성이 있기 때문에 그릇을 만들 수 있는 것이지, 휘는 본성이 없다면 그릇을 만들 수 없지 않겠습니까? 그런 의미에서 버드나무가 부드럽게 휘어서 그릇을 만드는 것은 버드나무의 본성에 위배되는 게 아닙니다."라고요. 이렇듯 《맹자》에 들어 있는 '고자 편'을 보면 고자는 굉장히 다양한 비유를 통해 인간은 선하다, 악하다 하는 주제로 끊임없이 선도 아니고 악도 아닌, 자기 본모습 그대로 살고 싶어 하는 인간의 자발적인 능력, 충동 등을 강조합니다. 그에 반해 맹자는 그 인간의 본성이라는 것이 근본적으로 선을 향해 있다는 것을 다양한 비유를 들면서 강조하지요.

이 두 분이 돌아가시고 나서 순자가 자기 책을 통해서 맹자를 비판합니다. "만약에 인간이 본성상 선하다고 한다면 법률이니 교육이니 하는 것이 뭐가 필요하겠습니까? 맹자는 끊임없이 교육을 이야기했는데, 인간이 선하다면 교육이 뭐가 필요하겠습니까? 그런데 인간을 법률로써 행동을 제약하고, 교육으로 순화시켜야 하는 이유는, 바로 인간의 본성이 악하기 때문입니다." 하는 식으로요. 악한 모습의 강조는 곧 법률이나 교육을 강조하기 위한 것이기도 합니다. 그렇듯 자기가 어떤 측면에서 인간에 대해 접근하느냐, 어떠한 입장을 통해서 사회를 바꾸어보려고 하느냐에 따라서 인성론은 이렇게 저렇게 변하는 것입니다.

춘추 시대만 하더라도 예(禮)가 살아 있었던, 요즘 말로 매너가 있었던 시대였습니다. 왜 그럴까요? 아직은 중국의 종주국인 주(周)나라가 영향력을 행사했던 시대였거든요. 하지만 주나라의 정치적 영향력이 극도로 약화된 전국 시대에는, 주나라의 눈치를 볼 것 없이 각국이 서로서로 나라를 빼앗는 전쟁의 시대가 됩니다. 전쟁의 시대에는 예가 필요 없습니다. 오로지 무자비함이죠. 잔인함, 난폭함이 거의 전면적으로 드러나는 시기에 맹자가 활동했습니다. 그런데 맹자는 그 잔인하고 난폭한 현상 속에서 오히려 인간의 선함을 주장합니다. 역설적으로 맹자의 그런 점이 굉장히 선구적인 면입니다. 맹자는 이상주의자가 아닙니다. 골방에 처박혀 공부만 한 사람이 아니라, 끊임없이 전국을 돌아다니면서 참혹한 세상을 파악하고 그 참혹한 현실 속에서도 인간에 대한 근본적인 신뢰를 잃지 않고 그것을 자기 정치 사상의 베이스로 깔았다는 점에서 맹자는 굉장히 독특한 지점에 있는 사람이에요.

그렇다면 공자는 인간을 선하다고 봤을까요, 악하다고 봤을까요? 공자의 문헌을 아무리 뒤져봐도 인간의 본성에 대해 이야기한 적이 없습니다. 굳이 꼽자면, "공자님께서는 하늘과 본성에 대해서는 별로 이야기하지 않으셨다." 같은 말이나 "인간은 태어날 때는 가까운데 어떻게 살아가는가에 따라 점점 멀어진다, 예를 따라가는 사람은 보다 성인에 가깝고, 예를 버리고 욕망을 따라 사는 사람은 점점 더 나빠지더구나. 처음엔 비슷한 자리에서 시작해도 조금만 각도가 틀어지면 나중에는 한없이 멀어지는 것처럼 인간은 자기의 삶을 어떻게 운영하느냐에 따라서 여러 가지 모습을 보여주더구나." 하는 것이 공자의 기본 입장입니다. 이런 입장을 종합해 보면 공자는 인성론 자체에는 관심이 없었고, 인간이 바르게 살기 위해서 무엇이 필요한지에 주목했던 사람이지요.

그러니까 사실 맹자가 공자의 사상을 이어받았다고 하지만, 고스란히 이어받았다기보다는 춘추 시대의 공자 사상을 전국 시대에 맞추어 다시 재창조한 사람이라고 봐야 합니다. 만약에 맹자와 공자가 서로 만났다면 무슨 일이 벌어졌을까요? 공자님이 '그렇게 말한 적 없다'고 한다면 맹자는 '공자님이 아마 이런 시대에 사셨다면 이런 말씀을 하셨을 것'이라고 확신할 사람입니다.

차마 어쩔 수 없는 마음

맹자는 인간이 가지고 있는 '본래의 마음'이 있다고 보았고, 그 속성이 선하다고 믿었습니다. 어느 날 제선왕 앞으로 소 한 마리가 눈물을 뚝뚝 흘리며 지나가고 있었습니다. 왜 그렇게 눈물을 흘리느냐 물었더니, 자기를 제사 때 쓰려고 끌고 가니까 슬퍼서 운다는 대답을 듣습니다. 그 말을 들은 제선왕이 소가 너무 불쌍해서 안 되겠으니, 소를 살려주고 양을 잡으라고 명령합니다. 소는 울고 양은 안 우나요? 그렇지만 지금 눈에 보이는 소가 울고 있는 게 더 중했던 겁니다. 그런데 이 일이 나쁘게 소문이 납니다. 왕이 제사를 지내는데 근사하게 소를 잡아야지 쫀쫀하게 양을 잡으려고 별 핑계를 다 댄다고요. 소문을 들은 제선왕이 속상해하자, 맹자가 제선왕에게 잘하신 거라고 말합니다. 제선왕은 여태까지 욕만 들었는데 맹자에게 처음 칭찬을 들은 거예요. 뭘 잘했냐는 물음에 맹자가 답합니다.

"임금님께서 눈물 흘리는 소를 보면서 죽이지 못하신 마음, 그걸 '차마 어쩔 수 없는 마음〔不忍人之心〕'이라고 합니다. 바로 그 마음으로 선정을 베푸십시오. 눈앞에 소도 불쌍히 여겨 죽이지 못하는데 사랑하는 백성들에게 혹독한 마음을 품을 수 있겠습니까? 임금님의 마음이 바로 제가 원하는 마음입니다."

  맹자의 달변이 아주 대단합니다. 쫀쫀한 임금이 아니라 선정을 베풀 수 있는 임금이라는 칭찬을 들은 제선왕은 어떤 마음이 들었을까요?
  이건 나중에 맹자의 '사단(四端)론'으로 좀 더 정교해집니다. 사단론은 인간의 마음속에는 사단(四端)이라고 하는 네 개의 단서가 있다는 말입니다. 다시 말해 마음을 밭으로 보자면 마음 밭에 네 개의 씨앗이 있다는 것이죠. 그 네 개의 씨앗을 측은지심(惻隱之心), 수오지심(羞惡之心), 사양지심(辭讓之心), 시비지심(是非之心)이라고 말합니다. 측은지심(惻隱之心)은 아이가 우물에 빠지려고 할 때 저도 모르게 가서 구해주게 되는 경우를 말합니다. 아이를 구할 때 '내가 이 아이를 구해주면 최소한 백만 원 정도는 받을 수 있겠지?' 하는 마음으로 구하지는 않을 거라는 거죠. 그냥 자기도 모르는 사이에 가서 구해준다는 것입니다. 또는 직접 구하지는 못한다 하더라도 '어, 저러면 안 되는데?' 하는 마음을 가질 거라는 것이고요. 아무것도 모르는 아이가 죽을지도 모르는 상황에서, 그 어떤 악한 사람이라도 '오 예~, 한 발만 더! 음, 죽었군. 인구 하나 줄었군' 하고 생각하지는 않을 것이라는 말입니다. 인간이라면 누구나 그 아이를 불쌍하게 생각하고 서둘러 건지려고 하는 그 마음이 있는 것, 그게 바로 측은지심이라는 겁니다. 이 측은지심을 잘 키우면 자기도 모르는 새 어진 마음, 인(仁)이 생깁니다.

수오지심(羞惡之心)은 창피해하는 마음, 부끄러워할 줄 아는 마음을 말합니다. 가령 시험 도중에 컨닝을 했는데 들키지 않았을 경우, 성적이 오르고 기분은 좋지만, 좀 찜찜한 구석이 느껴지는 경우를 말합니다. 분명히 선생님도 짝꿍도 내가 컨닝했다는 사실을 모르지만 전혀 통쾌하지가 않습니다. 창피하고 찜찜한 마음이 들 뿐입니다. 남이 봐서 그런 게 아니라 나 스스로가 창피한 것이지요. 적어도 인간은 이런 마음을 갖고 있습니다. 이런 마음이 커지면 정의(義)라고 하는 열매를 맺게 됩니다. 스스로가 살고자 하는 모습으로 살아야 하는데, 그렇게 못 살아서 부끄러운 마음을 스스로 알고, 삶을 반성하고 고치면 정의롭게 된다는 것입니다.

사양지심(辭讓之心)은 내가 먼저가 아니라 상대를 먼저 생각하고 사양할 줄 아는 마음입니다. 맛있는 게 있으면 누구나 먼저 먹고 싶습니다. 맛있는 게 눈앞에 보이면 일단 먹고 싶은 것이 사람의 근원적인 욕망입니다. 그런데 맛있는 것을 보자마자 새끼가 떠오르고, '아이들이 이거 좋아하는데' 하는 생각이 듭니다. 치킨 다리를 하나 딱 들었는데 갑자기 아들이 떠오르고 '이거 먹으면 굉장히 좋아할 텐데' 하는 생각도 들지요. 먹고 싶은 음식 앞에서도 부모님이든 자식이든 사랑하는 사람에게 먼저 주고 싶은 마음이 생길 것이고, 그런 마음이 인간에게는 근본적으로 있다는 것입니다. 그 마음을 잘 키우면 그게 바로 예(禮)가 된다는 겁니다.

마지막으로 시비지심(是非之心)은 옳고 그름을 판단할 줄 아는 마음입니다. 사실은 뭘 많이 배우고 대학을 나와야 옳고 그름을 판단할 수 있는 것은 아닙니다. 옳고 그름은 개도 알아요. 개장수가 오라고 하면 안 오지만, 주인이 부르면 밥로 차려고 해도 오지요. 제 주인인 걸 아니까요. 그런 것처럼 옳고 그름은 배워서 아는 게 아니라 근본적으로 그의 마음속에 그런 마음이 있는 거지요. 그걸 잘 완성하면 지혜[智]가 됩니다. 유학에서 말하는 인간이 도달해야 할 최고의 덕목 인의예지(仁義禮智)는, 다른 곳에 있는 게 아니라 인간의 마음속에 그 씨앗이 있고, 그 씨앗을 잘 발현시키면 완성된 인간이 된다고 하는 겁니다.

양심, 양지, 양능

맹자는 "인(仁)이라고 하는 것은 사람의 마음이고, 의(義)라고 하는 것은 사람이 가야 할 길이다."라고 말했습니다. 사람의 마음을 가지고 정의의 길을 걸어라. 멋있잖아요? 그러면 이 사단의 마음을 한 단어로 뭐라고 했느냐? 그걸 '양(良)'이라고 했습니다. 우리가 양심(良心) 좀 가지라고 말할 때 그 양심 있죠? 그 양심의 어원이 맹자로부터 시작한 거예요. 여기서 말하는 '양' 자는 '좋을 양' 자예요. '굿(good)'이라는 뜻입니다. 그런데 원래 '양'에는 좋다는 뜻도 있지만, '본래의, 고유한'이라는 뜻도 있어요. 양심이라고 하는 것은 인간이 가지고 있는 고유한 좋은 마음입니다. 이 양심이 있기 때문에 인간은 양지(良知), 좋은 앎을 얻을 수 있는 능력이 있어요. 그리고 양능(良能), 즉 인간에게는 좋은 일을 할 수 있는 능력 역시 기본적으로 있다는 생각을 나타냅니다. 이처럼 모든 인간에 대한 근원적 신뢰를 가지고 있는 사상이 맹자의 생각입니다.

이건 전국 시대에 보기 드문 사상입니다. 공자가 맹자의 이야기를 들으면 그럴듯하다고 느끼며 고개를 끄덕였을 수도 있습니다. 공자는 인의예지를 하나로 묶어 말한 적은 없습니다. 《논어》에서는 각각의 고유한 주어 또는 술어의 역할을 합니다. 그런데 맹자에 와서 이 넷을 '인의예지'라는 한 묶음으로 개념화한 것입니다. 사실 공자의 예라고 하는 것은 주나라의 예입니다. 어찌 보면 '예'가 인간의 마음이 아닌 제도에 있는 것이라 볼 수 있지요. 공자의 가치관은 내 속에 있는 것이 아니라, 주나라의 아름다운 제도 속에 있는 것이었습니다. 그것을 내 것으로 구현하는 삶이 공자의 삶이었습니다. 그런데 맹자가 활동했던 시기는 주나라가 망하던 시기입니다. 다시 말해 예(禮)라고 하는 것을 외부적으로 설정할 수 없던 시대였지요. 그렇다면 어디에 설정해야 할까요? 내 마음속에 설정해야겠지요. 그런 점에서 맹자는 칸트와 비슷합니다. 칸트가 인간의 선함이나 이성 등을 신적인 영역으로 넘기지 않고 자기 내부의 영역에 설정해놓고, 인간을 중심으로 새로운 철학을 펼치고자 한 사람이거든요. 칸트와 유사한 생각을 한 동양의 철학자를 맹자라고 할 수 있습니다.

문제는, 본래 훌륭한 인간들이 왜 이렇게 짐승같이 사는지, 왜 서로 싸우고 난리가 나는지, 인간이라면 훌륭하게 살아야 하는데 왜 그렇게 형편없이 살아가게 되었는지 하는 질문에 대답을 못하면 맹자 이야기가 단순한 판타지가 되어버린다는 겁니다. 인간은 착해, 울면 안 돼, 우는 아이에겐 산타 할아버지가 선물을 안 줘, 하는 것과 비슷한 동화 속 이야기가 되어버리지요.

본성과 현실의 괴리에 대한 해명으로 맹자는 우산(牛山)에 대한 사례를 듭니다. 맹자 시대에 제나라의 수도는 임치(臨淄)였습니다. 그 임치에 있는 큰 산이 우산이었습니다. 큰 도시를 건설하고 유지하려면 나무들이 많이 필요하겠죠? 원래 이 우산에 숲이 우거졌는데 건물을 짓는다, 땔감을 쓴다 하면서 나무를 베기 시작했어요. 개발을 시작한 거죠. 나무들을 잘라 건물을 짓거나 땔감용으로 쓰면서 그 울창했던 산이 민둥산이 된 겁니다. 이러한 사실을 당대 사람들은 다 알고 있었습니다.

맹자는 우산의 사례를 들면서 "저 우산을 봐라, 저 우산이 원래부터 저렇게 민둥산이었는지 아느냐, 지금은 민둥산이 되었지만 원래 우산은 나무가 우거지고 생명이 넘치는 아름다운 산이었다. 인간이 욕심으로 제멋대로 써서 저렇게 벌거숭이산이 된 것이다. 인간은 저 우산과 같다. 본래 선한 모습으로 있었는데 인간의 욕심과 욕망이 그것을 잘라서 끊임없이 썼기 때문이다. 자기 마음의 소리는 듣지 못하고 자기 눈의 소리, 귀의 소리(이목지관, 耳目之觀)라고 하는 눈에 보기 좋은 것, 귀에 듣기 좋은 것, 입에 먹기 좋은 것만 추구하다 보니, 육체의 욕망에 따라 살아 민둥산이 되어버린 것이다. 만약 자기 마음의 소리만 들었다면 저 산이 저렇게 민둥산이 되었겠느냐?" 하고 말합니다.

욕망의 우선순위

식목일에 나무를 심듯, 자기 본래의 모습을 되찾아줄 수 있다면 민둥산이 계속 민둥산으로만 남아 있지 않을 것입니다. 곧 인간은 본래 선하게 태어났으나 자신의 본래 모습을 지키지 못하고, 선한 모습을 꺾고 자르고 제거해버림으로써 악한 모습이 드러나게 되었다는 것이 맹자의 진단이었던 것이지요.

이제 원인을 규명했으니 원래의 선한 모습을 되찾으려면 어떻게 해야 할지 해결책도 찾을 수 있게 됩니다. 그것은 바로 욕망입니다. 욕망의 우선순위를 정하라! 《맹자》에서 맹자는 막연히 뜬구름 잡는 이야기만 하는 게 아니라 굉장히 구체적인 이야기를 들려줍니다. 특히 신체와 관련된 이야기를 할 때는 엄청난 비유를 써서 독자를 단번에 이해

시킵니다. 수사학을 제대로 배운 사람인 거죠.

예를 들어 어떤 사람이 배가 고프다고 합시다. 그에게 물고기를 잡아주면 그걸 맛있게 먹겠지요. 또 배가 고픈데 요리 두 개가 나옵니다. 하나가 곰 발바닥 요리이고 하나가 물고기 요리라면 뭘 택할까요? 아마 물고기를 택할 수도 있겠지만, 중국에서 물고기가 천 원이면 곰 발바닥은 백만 원쯤 한다고 가정해봅시다. 그러면 당연히 둘 중 하나를 택할 때 곰 발바닥을 택하겠지요. 그럼 보통 사람은 금이 있고 은이 있다면, 뭘 택할까요? 금을 택하겠죠. 하늘이 주는 것이 있고 사람이 주는 것이 있다면, 뭘 택할까요? 하늘이 주는 걸 택하겠죠. 이런 식으로 자기 삶에서 욕망의 우선순위를 정해서 귀한 것을 먼저 택하자는 것입니다.

이런 비유도 있습니다. 손가락이 살짝 구부러졌다고 가정해봅시다. 살아가는 데는 별 문제가 없지요. 그런데 지방의 어느 용한 의원이 구부러진 손가락을 쫙 펴는 의술이 있다고 합니다. 살아가는 데 별 문제가 없고 미관상 조금 안 좋을 뿐인데, 쫙 펼 수만 있다면 KTX라도 타고 달려가겠죠? 사람들은 조금 불편한 손가락도 고치려고 먼 지방으로도 날아가는데, 마음 구부러진 것은 절대 안 펴려고 합니다. 마음 구부러진 것을 펴는 게 훨씬 중한 건데, 마음은 안 펴고 손가락은 펴려고 한다는 것이죠. 정말 보살펴야 할 것을 보살피지 않고 보살피지 않아도 될 만한 것을 펴려고 온갖 돈을 들여서 달려갑니다. 사람들은 육체를 아름답게 꾸미고 제 만족을 채우기 위해 별의 별 짓을 다 하지만, 자기 마음을 아름답게 꾸미고 살피는 데는 별로 신경을 쓰지 않습니다.

천작을 따라라

맹자는 그런 비유를 들며 욕망의 우선순위를 정해야 한다고 주장합니다. 그러기 위해서 자기 마음을 스스로 놓아버리면 안 된다고 합니다. 마음을 놓아버리는 것을 방심(放心)한다고 하지요. 우리는 "아, 이번에 방심했어." 하는 표현을 종종 하지요. 이게 바로 맹자의 이야기입니다. 맹자의 용어 중에는 '구방심(求放心)'이라는 말이 있습니다. 방심한 너의 마음을 구하라, 너의 마음을 구해서 너의 마음을 조심(操心)해라, 너의 마음을 잘 컨트롤하라는 뜻입니다.

마음의 소리를 잘 들어서 하늘이 주는 지위를 따라가라고 하는 것을 '천작(天爵)'이라고 합니다. 사람이 주는 지위(人爵)는 오래가지 못하지요. 가령 누군가가 한 나라의 장관으로 임명된다고 해도 업무 수행을 잘 못하면 한 달 만에 교체할 수도 있듯 말입니다. 사람이 주는 지위는 그것이 굉장히 높아 보일지 모르지만 사실은 형편없이 낮은 것일 수도 있다는 것입니다.

맹자는 놀라운 이야기를 했습니다. "요임금도 나도, 똑같은 사람이다." 내가 요임금처럼 생각하고 요임금처럼 살면 내가 요가 될 수 있고, 순임금처럼 생각하고 순임금처럼 살면 나는 순이 될 수 있고, 요순도 일개 인간에 불과하다고요. 맹자는 그 요순 임금조차도 자신과 똑같은 인간이라고 이야기할 수 있을 정도로 인간에 대한 근원적 신뢰를 가지고 있었습니다. 요즘 식으로 이야기하면 '내가 곧 대통령이다', 이 이야기지요. 누구나 대통령처럼 생각하고 대통령처럼 살면 대통령이 될 수 있다는 말입니다.

요임금과 순임금도 마음의 소리를 잘 들어 하늘의 명령을 따라서 임금이 된 것이라고 보았습니다. 이런 경우를 천작이라고 하지요. 하늘이 준 작위는 인간이 함부로 바꿀 수 없는 겁니다. 반면 인간이 인간에게 준 지위는 딱딱 바뀌죠. 그러니 천작을 따르고 인작을 따르지 말라고 한 맹자의 이야기가 참 위대하게 들리는 겁니다.

우리는 때때로 크고 작은 유혹에 흔들립니다. 월급을 많이 받을 수 있다면, 양심에 위배되는 행동을 시켜도 솔깃해집니다. 또는 엄청난 재물이나 지위를 준다고 하면 자기 양심의 소리는 잠깐 저버리고 유혹을 따르기도 하죠. 맹자의 놀라운 점은 생에 단 한 번도 유혹에 흔들려본 적이 없다는 것입니다. 사실 맹자가 조금만 마음을 방심했더라면 굉장히 높은 지위까지 올라갈 수 있었습니다. 하지만 맹자는 그러한 직위를 원하지 않았지요. 왜냐하면 맹자는 임금을 가르칠 수 있는 스승이었고, 하늘의 지위가 이미 자신에게 내려져 있다는 사명감을 가지고 있었던 사람이었기 때문입니다. 맹자의 선비 의식이 하늘을 찔렀지요.

　맹자의 사상이 고스란히 전해진 곳이 바로 조선입니다. 조선의 사대부가 왜 그렇게 임금한테 상소문을 써댔을까요? 사대부는 관직에 있을 때는 신하지만 관직에서 물러난 이후에는 왕의 스승도 될 수 있다고 생각하는 사람들입니다. 그래서 왕에게 소신껏 상소문을 올릴 수 있었습니다. 상소문 올린다는 행위 자체가 왕을 가르친다는 꼬장꼬장한 정신으로 볼 수도 있습니다. 이것은 맹자에게서 배운 정신입니다. 그런 의지가 있었던 맹자는 굉장히 터프하면서도 강직한 사람이었습니다.

　그렇기 때문에 맹자는, 쉽게 말해 임금 알기를 우습게 알았습니다. "나라가 있으려면 군주가 있고, 사직이 있고, 백성이 있어야 한다. 이 중에서 제일 가벼운 게 임금이다."라는 말을 하기도 했습니다. "임금은 잘못하면 갈아 치우면 되지만, 사직은 쉽게 갈아 치울 수 없고 백성은 더더욱 갈아 치울 순 없다. 그러므로 백성의 소리가 하늘의 소리요, 백성의 마음이 하늘의 마음."이라고도 했지요. 잘못된 지도자 한 명을 바꾸실래요? 수천 수만의 백성을 바꾸실래요? 답은 뻔합니다. 그러니 절대 군주에게 맹자는 굉장히 괘씸한 사람이었습니다. 그래서 그다지 인기 있는 인물이 아니었지요. 나중에 송나라 때 주희에 의해 지위가 올라갔지, 그 전까지 《맹자》는 거의 금서에 가까웠습니다. 그런 의미에서 맹자는 그 시대에도 백성이 귀하고 오히려 군주가 가볍다는 민본주의적 사상을 펼친 사람이라고 볼 수 있습니다.

근대 서양의 인성론

이번에는 루소로 갑니다. 루소 때에도 인성론이 등장합니다. 당시에는 루소뿐만이 아니라 로크, 홉스 등도 인성론을 언급합니다. 이 세 사람의 공통점은 모두 사회계약론자라는 것입니다. 사회계약론이 무엇인지 간단히 짚고 넘어가겠습니다. 옛날에는 신(神)이 임금을 임명하는 것이라고 생각했습니다. 신이 임금을 세워서 쓰는 것이지요. 그러면 나라의 땅은 누구의 것일까요? 임금의 것이죠. 그래서 임금이 자신의 국가를 마음대로 다스릴 수 있었습니다. 그런데 근대 사회로 넘어오면서 새로운 소유 개념이 생깁니다. 자신이 노력해서 얻은 땅은 왕의 것이 아니라 노력한 사람의 것이라는 개념이죠. 그래서 열심히 노력해서 땅을 소유하는 새로운 계급이 생기는데, 그 계급이 바로 근대의 부르주아입니다. 과거에는 왕만이 소유할 수 있는 땅이 이제는 여러 부자들도 소유하는 땅으로 변합니다. 그런데 소유한 재산 때문에 분쟁이 생기면 이 문제를 어떻게 해결해야 할까요? 만약 힘이 비슷한 부자끼리 전쟁이라도 일어난다면 나라가 엉망이 되겠지요. 그래서 이들의 갈등을 조정하고, 보호하고 다스릴 수 있는 권력자가 필요해집니다. 그 권력자에게 나라를 다스릴 수 있는 권리를 양도해서 자기의 권리와 힘을 양도하는 계약을 맺은 것으로 근대 국가를 설명하는 것이지요.

실제로 왕과 시민이 직접 만나서 '내 권리를 이만큼 드리겠다'는 내용의 계약서에 사인을 하는 등의 행동은 취한 적이 없습니다. 그런 점에서 사회계약론은 일종의 가설입니다. 아주 재미있는 가설이지요.

가령 국민의 생활 상태가 아주 엉망이라면 강력한 왕이 필요할까요, 부드러운 왕이 필요할까요? 강력한 왕이 필요하겠죠? 홉스(Thomas Hobbes, 1588~1679)가 그런 사람이었습니다. 홉스는 국민을 그대로 내버려두면, 분명 만인에 대한 만인의 투쟁으로 서로 물고 뜯는 늑대 같은 사이가 될 것이므로 이 늑대와 같은 인간들을 컨트롤하려면 어마어마한 괴물이 필요하다, 기독교《성서》에 나오는 무시무시한 바다 괴물인 '리바이어던'과 같은 군주가 있어야 한다고 주장합니다. 군주를 괴물에 비유한 것이죠. 괴물처럼 절대적 권력을 가지게 되는 군주요. 홉스가 상상하는 백성은 악한 존재들이고 이걸 컨트롤하기 위해서는 강력한 군주가 필요하다는 절대 군주론 주장을 편 것이지요. 홉스가 쓴 책의 제목도《리바이어던》입니다.

이보다 살짝 유한 주장을 한 사람이 로크(John Locke, 1632~1704)입니다. 로크는 인간이라고 하는 것은 그렇게 선하지도 악하지도 않다, 인간은 아무것도 써 있지 않은 흰 종이인 '빈 서판[타블라 라사]'과 같다고 보았습니다. 빈 서판에 무엇을 그리느냐에 따라서 인간은 변한다는 것이지요. 그런 의미에서 백지 상태인 국민에게 그림을 잘 그릴 수 있는, 국민들을 잘 화합시키는 군주가 필요하다는 주장입니다. 만약 국민과 군주 간에 맺은 계약을 군주가 어긴다면 어떻게 될까요. 계약이 파기되어야죠? 그러므로 로크는 일종의 혁명권, 저항권 등을 사회계약의 부대조건으로 넣게 됩니다. 이 계약이 잘못되었을 경우에 군주를 뒤집어엎고 끌어내릴 수 있는 권한이 있다고 본 것이죠.

한편 가장 급진적인 루소는 어떠했을까요? 루소는 국가 자체를 악으로 보았습니다. 군주와 권력이 악인 것이지요. 이런 관점에서 군주와 권력이 지배하는 세계가 되는 것을 찬성할까요? 당연히 아니겠지요. 그런데 당시에는 군주제가 보편적인 제도였습니다. 그래서 루소는 "군주는 있다, 그러나 군주는 자기가 원하는 것을 휘두르는 사람이 아니라, 국민들의 일반 의지, 국민들의 선한 의지를 대행하는 자일 뿐이다. 그는 절대 권력을 휘두르는 게 아니라 국민들의 일반 의지를 대행해야 한다."라고 말합니다.

소유권 비판, 주권재민

이러한 입장은 루소가 가지고 있는 문명에 대한 근본적 회의와 관련이 있습니다. 루소는 민주주의가 역사에서 실제로 실현된 적이 한 번도 없고, 앞으로도 그러할 것이라고 믿었습니다. 어찌 보면 민주주의가 과연 완벽하게 실현될 수 있는가에 대해서 회의했던 사람입니다. 왜냐하면 인간은 사회를 이루고 소유를 시작하면서 타락했다고 보았기 때문이지요. 루소는 기본적으로 소유 이전의 미개 사회로 돌아가기를 원했습니다. 본연의 자연 상태로 돌아가고 싶었던 사람이지요.

인간에게는 선도 악도 없었던 그때로 말입니다. 악의 개념도 없으므로 선의 개념도 없지요. 그래서 《인간 불평등 기원론》에는 이런 구절도 있습니다.

"미개인은 선하다는 것이 무엇인지 모른다는 바로 그 이유 때문에 악하지 않다고 말해도 무방할 것이다. 정념이 평정을 유지하고 악덕을 모르기 때문이다. 자연 상태에서는 누구나 속박에서부터 자유로우며, 강자의 법칙은 무용지물이 된다."

여기서 말하는 '강자의 법칙'은 소유의 법칙을 말합니다. 그런 의미에서 루소는 동양 사상가로 치자면 맹자보다는 맹자와 논쟁을 벌였던 고자에 가깝습니다. 자연 그대로의 상태, 선도 악도 모르는 사회, 완전히 순진무구한 사회, 그것만이 선이라고 할 수도 있습니다. 그러나 선이라는 개념도 악이라는 개념도 없는 사회, 이것이 가장 아름다운 상태라고 본 것이지요. 그런데 인간은 언제부터 선과 악을 구분하게 되었는지를 따져보니 인간의 본성 때문이 아니라는 겁니다. 소유 때문이라는 것이죠.

로크를 잠깐 살펴보자면, 로크에게 있어서 원래 자연은 아무의 것도, 누구의 것도 아닙니다. 그 누구의 것도 아니지만 인간의 노동 덕에 사과나무에 사과가 열리고, 다시 노동을 들여서 그 사과를 딴다면 그건 인간의 노동을 들였기 때문에 그 사람의 것이 된다고 보았습니다. 이게 로크가 말하는 '소유권'입니다. 내 노동, 내 힘이 들어가서 만들어진 건 '내 것'이라는 거죠. 그러면 만약 땅에 말뚝을 박아도 자기 노동에 의해서 땅에 말뚝을 박은 것이니 그 땅은 말뚝을 박은 사람의 소유가 되는 것이지요.

문제는 누군가 말뚝 박은 그 땅에서 다른 누군가가 농사를 지어 맛있는 열매가 열렸을 경우입니다. 그럼 그건 누구의 소유일까요? 원래라면 농사를 짓는 노력을 해서 열매를 맺었으니 열매 맺도록 노력한 사람의 소유가 되어야 합니다. 하지만 이제는 한번 땅의 주인이 정해지면 거기다 누가 어떤 것을 심고 수확해도 모두 땅 주인의 것이 됩니다. 무슨 말인지 아시겠죠? 루소가 주목한 지점이 바로 그겁니다. 본래 로크의 생각대로라면, 땅에 말뚝이 박혀 있더라도 그 안에서 누군가가 땀 흘려 일해 무언가를 얻었다면 그것은 일한 사람의 소유가 되어야 합니다. 하지만 실제로는 그렇게 해도 소유권이 생기지 않지요. 그렇게 울타리 쳐놓은 땅 안의 모든 것은 땅 주인 것이라고 정한 게 법이고, 그것이 선한 것이라고 말하는 게 윤리이고, 그런 세상이 아름다운 것이라고 말하는 게 예술이고, 그것이 정당하고 이성적인 것이라고 말하는 게 철학이라는 겁니다. 본래 모든 사람의 것이어야 하는데, 한번 울타리를 쳤다고 해서 영원한 소유권을 주장할 수 있게 하는 그것! 그건 사기라는 것이죠. 그렇기에 루소는 차라리 '자연으로 돌아가라'고 외칩니다. 소유도 지배도 없는 자연 상태야 말로 루소가 간절히 원했던 사회의 모습일지도 모릅니다.

근대 소유권의 정당성은 루소가 보기에는 사기에 가깝습니다. 그래서 루소는 그 누구의 소유도 영원히 보장될 수 없는 세상을 주장합니다. 소유가 없으므로 선함도 악함도 없고, 선함과 악함이 없으므로 그걸 제재할 법률도 국가도 필요 없는 사회, 이것이 어찌 보면 루소가 차마 이야기는 못했으나 상상하고 추구했던 사회가 아닐까 하고 생각해봅니다. 현실에서 나라가 필요하다면 그것은 그 권력이 왕에게 저절로 주어지는 것이 아니라 국민으로부터 와야 한다는 주권재민의 사상을 펼쳤던 것이 루소지요.

인간, 괴물이 되지는 말자

지금까지 우리는 맹자와 루소의 인성론에 대해서 살펴보았습니다. 맹자는 모든 사람에게 선한 마음이 있다는 전제하에, 그 선한 마음을 잘 키워서 욕망에 따르는 삶이 아니라 양심에 따르는 삶을 살라고 이야기합니다. 그리고 정치의 근본을 하늘에 두고, 민심을 귀중히 여기라고 충고합니다. '백성과 국가와 군주 가운데 백성이 가장 존귀하고 군주가 가장 낮다'는 민귀군경설(民貴君輕說)은 당대에 많은 군주들에게 무서운 충고가 아닐 수 없었을 겁니다. 한편 루소는 근대 문명이 만들어놓은 학문과 문학, 정치와 제도 등이 오히려 인간을 선과 악으로 나눈다고 주장하면서, 본래 자연의 모습으로 돌아가는 것이 가장 자유로운 사회가 될 것이라 이야기합니다. 설령 권력이 필요하다 하더라도 그것은 철저히 인민에게 주권이 있고, 정부는 이를 집행할 따름이라는 '주권재민(主權在民)'을 주장하지요. 군주보다는 백성이 귀하다는 맹자의 사상과, 주권은 인민에게 있고 정부는 이에 대한 집행기관에 불과하다는 루소의 사상은 2천 년의 격차를 넘어 우리 사회에 울림을 주고 있습니다.

우리는 지금 자유민주주의 사회에 살고 있다고들 말합니다. 자유민주주의는 크게 두 가지를 강조합니다. 소유의 자유와 시장의 자유. 소유의 자유와 시장의 자유가 모든 국민에게 진정한 자유를 주면 좋겠지만, 오히려 가진 자의 소유만을 정당화하고 국민의 삶을 피폐하게 만드는 것이라면 문제는 달라지겠지요. 분배 없는 소유는 결국 국민간의 양극화를 심화시키고 국민 복지를 축소시킬 수밖에 없습니다. 국민의 피폐한 삶을 끌고 오래가는 사회는 없습니다. 국민들이 편안하게 살 수 있는 정치와 제도 개혁이 그 어느 때보다 필요한 시기가 아닐 수 없습니다. 만약에 맹자나 루소가 우리 사회에 부활한다면 무슨 이야기를 할까요? 민본주의와 주권재민은 찾을 수 없고, 권력자의 입맛에 놀아나는 사회를 보면서 개탄하지 않겠습니까?

《사피엔스》라는 책을 쓴 유발 하라리가 본 대로, 생물학적으로 인간은 선보다는 악을 선택할 가능성이 많을지도 모릅니다. 게다가 우리가 살고 있는 자본주의 사회는 모든 것을 경제적 가치로 환산하고, 인간의 욕망을 무한정으로 자극하는 사회이기도 하지요. 인간보다 돈을 중시하는 가치관 속에서 선함을 추구하는 것은 참으로 어려운 일입니다. 맹자가 추구한 성인(聖人)되기를 삶의 목표로 삼는 것은 거의 불가능에 가까운 것이지요. 그리고 루소가 말한 '자연'으로 돌아가는 것은 그보다 더욱 어려운 일일 것입니다. 하지만 성인은 되지 못할지언정 괴물이 되지는 말아야겠지요. 그것이 적어도 성선설을 주장하는 맹자나 루소의 계몽 사회에 대한 한탄을 이해하는 우리가 지켜야 할 최소한의 예의라고 생각합니다.

| 제3강 |

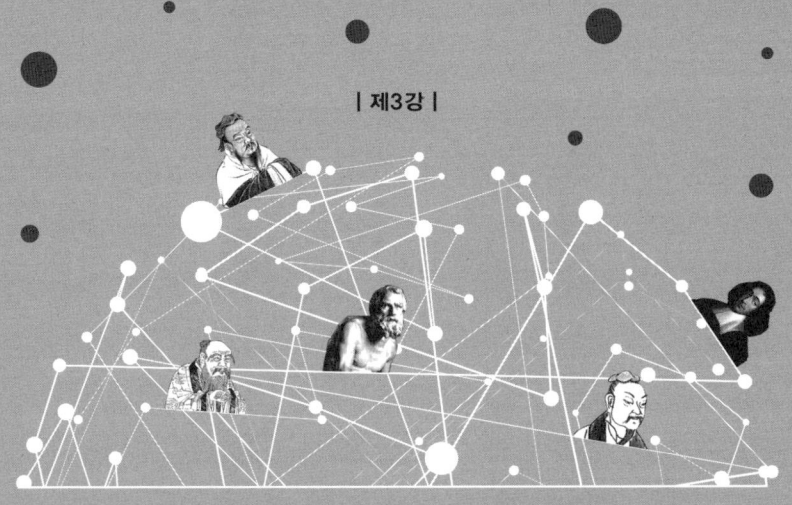

영원한 물음, 신은 존재할까?
― 노자와 스피노자에 관하여

현대인에게 어쩌면 종교는 더 이상 필요 없는 것처럼 느껴집니다. 인간에게 공포심을 불러일으키고, 자신으로부터 외부를 차단하고, 끊임없이 적을 만들어내는 종교 현상을 볼 때마다 더욱 강력하게 이런 생각이 듭니다. 제도로서의 종교는 사라질지 모르지만, 좀 더 거룩해지고 좀 더 우주와 가까워지려는 인간의 심성은 지금도 강력하게 나타납니다. 그걸 영성이라고 표현하든 신성이라고 표현하든 그것은 인간이 갖추어야 할 가장 위대한 덕목 중의 하나가 아닐까요.

그래서 스피노자는 "모든 고귀한 것은 힘들 뿐만 아니라 드물다."라고 말했습니다. 당연하죠. 고귀해지는 것이 어디 쉽겠어요?

《이**기적 유전자》로 유명한 리처드 도킨스는 《만들어진 신》이**라는 책을 통해 신의 이름으로 자행되었던 온갖 죄악상을 고발하고, 창조론으로 대표되는 신을 옹호하는 이론들의 허구성을 밝히려고 노력했습니다. 이 두꺼운 책은 우리나라에서도 출간되자마자 베스트셀러에 오르면서 언론을 떠들썩하게 했습니다. 그럼 이 책이 나온 후에 종교의 힘은 약화되었을까요?

 지성계의 이슈가 되었을지언정, 그로 인해 종교계에 큰 지각변동이 일어나지는 않은 것 같습니다. 니체가 "신은 죽었다."라고 외친 후에도 신은 여전히 건재해 보입니다. 이는 진짜 신이 존재하느냐 마느냐 하는 문제와는 상관이 없습니다. 차라리 신의 이름으로 인간이 어떤 이론을 형성하고, 실천하느냐의 문제겠지요.

 인간에게는 다양한 신론이 있습니다. 가장 오래된 형태인 애니미즘부터 그리스 로마 신화에 나오는 다신론, 조로아스터교(Zoroastrianism)로 대표되는 이신론(二神論), 그리고 기독교와 이슬람교의 일신론(一神論) 등이 있지요. 이 중 타종교에 대한 관용이 가장 부족한 신론은 일신론이겠지요. 전지전능한 초월적 신을 자신의 편으로 끌어들이고, 그 밖의 종교적 태도에 대해서는 배타적인 태도를 보인 일신론의 범죄는 역사적으로도 이미 수많은 사례가 있으며, 현대에 와서도 온갖 종교 분쟁의 원인이 되고 있습니다. 이는 리처드 도킨스도 지적하는 바입니다.

하지만 이와는 다른 차원에서 신론을 전개한 철학자도 있습니다. 동양에서는 대표적으로 노자를, 서양에서는 스피노자를 꼽을 수 있겠네요. 아재 개그로 말하면, 둘 다 이름에 '노자'가 들어가 있어요. 동서양 철학자를 비교하면서 강의를 하려면 뭔가 공통적인 것이 있거나 대립적인 것이 있어야 하는데, 이번에 비교할 대상은 이름이 비슷하죠? 어떤 분이 "선생님, 노자하고 스피노자하고 친척 아닌가요?" 하면서 우스갯소리를 한 적이 있거든요. 그 이야기를 듣고 웃었는데, 생각해보니까 뭔가 통하는 게 많더라고요.

노자의 생애

우선 노자와 스피노자의 생애를 살펴보려고 합니다. 한 사람은 구체적인 생애가 알려져 있으나 한 사람은 생애가 물음표입니다. 그 물음표인 사람이 노자(老子, ?~?)입니다. 노자에 대한 정보는 사마천의 《사기(史記)》에만 나와 있지요. 그 외에는 이분이 어디에서 태어나 무얼

했는지에 대한 정보가 없습니다. 《사기》도 사마천이 직접 경험한 것이 아닙니다. 기원전 1세기쯤에 만들어진 것이니 노자의 생애를 어림잡아 비교해도 대략 500년 후에 자료를 수집하여 정리한 것이지요. 그런데 자료는 신빙성이 있는 것도 있지만 없는 것도 있거든요. 어쨌든 우리가 가진 유일한 사료는 사마천의 《사기》밖에 없으니, 그 책에 근거해서 말씀을 드리려 합니다.

노자는 시대로 치면 춘추 시대에 활동하신 분이 아닌가 하고 추정합니다. 《사기열전》에 보면 공자가 주나라에 가서 노자에게 예를 물었다는 대목이 나오지요. 그 대목으로 공자보다는 앞선 시기의 사람이란 것을 알 수 있습니다. 위대한 스승급에 해당하는 다른 분들은 다 성 뒤에 '자(子)'자를 붙이거든요. 공구(孔丘)는 공자, 맹가(孟軻)는 맹자, 한비(韓非)는 한비자, 순황(荀況)은 순자, 하는 식으로요. 그러면 이 양반은 이름이 이이(李耳)니까 이자(李子)라고 붙여야 하거든요. 그렇게 붙이면 되는데 '노자(老子)'라고 불리었어요. 그런 것을 보면 당대에 이미 다른 사상가들과 비교해서도 나이가 좀 많이 드시고 높은 지위에 계신 사상가라고 볼 수 있지요. 요즘으로 치면 어르신 같은 분이시죠. 늙을 노(老)자를 써서 노자(老子).

노자의 본명이 이이(李耳)라고 말씀드렸습니다. 이름이 '귀 이(耳)'자예요. 귀가 아주 독특하게 생겼나 봅니다. 공자의 이름은 '언덕 구(丘)'자를 써서 공구(孔丘)거든요. 태어날 때 머리가 언덕처럼 생겼던 겁니다. 노자의 시호는 담(聃)인데요. '담(聃)'자에도 귀가 붙어 있어요. 그의 용모 중에서 눈에 띄게 귀가 특이했다고 보여요.

노자는 주나라의 황실에서 사관을 지냈지만 이 양반은 본래 초(楚)나라 출신이라고 합니다. 초나라는 지금 베트남하고 가까운, 중국으로 치면 남반부에 위치합니다. 초나라는 거칠고 싸움 잘하고 야만스러운 성격의, 중국의 입장에서 보자면 오랑캐에 가까운 나라였습니다. 노자가 사관이라고 하니까 마치 무슨 역사서를 편찬한 분 같지만, 사실은 주나라 왕실의 최측근 문서 담당이라고 보면 됩니다. 또한 천문학, 지리학, 역사, 철학 등의 분야에 정통한 분이었습니다. 그러다가 주나라가 쇠퇴하자 주나라를 떠나 서쪽으로 갔다고 합니다. 초나라는 남쪽이지요? 고향으로 돌아오지 않고 서쪽으로 갔다는 것은 춘추 전국 시대 상황으로 보면 진나라 쪽으로 갔다는 것이지요. 그쪽으로 가서 부처가 되었다는 설도 있고 신선이 되었다는 설도 있습니다. 노자나 장자를 신선처럼 받드는 게 도교거든요. 도교에 따르면 노자는 몇 살에 죽었는지 알 수 없어요. 200년, 300년 살고 신선이 되어 지금도 살아 있을 수 있지요. 거리에서 우연히 만나실 수도 있어요, 신선이니까요.

노자의 사상이 집약된 《도덕경》

노자는 길을 떠났습니다. 서쪽으로 가는 길목에 함곡관이라는 국경의 관문이 있었고, 그곳에서 관문을 지키는 문지기를 만났습니다. 문지기는 노자를 단번에 알아보고, 노자가 가는 곳을 물었습니다. "나는 이제 나라를 떠나서 다른 곳으로 가려고 하네." 노자가 답했지요. 그러자 문지기가 노자의 바짓가랑이를 붙들고 "선생님, 지금 떠나시면 선생님의 지혜는 누가 잇겠습니까? 여기 며칠만 머물면서 선생님의 지혜를 남겨 주십시오." 하며 사정했다고 합니다. 하는 수 없이 노자는 함곡관에 머물면서 책을 한 권 남겼습니다. 그때 쓴 책이 《노자》, 또는 《도덕경(道德經)》이라고 불리는 책입니다. 분량은 한자로 5천여 자 남짓이고, A4 용지에 빽빽이 채워 쓰면 한 석 장밖에 안되는 정도입니다. 그 책 한 권이 중국에서 가장 많은 사람이 읽은, 가장 유명한 책 중 하나가 된 것이지요. 전 세계적으로 가장 많이 번역된 책이기도 합니다. 영어 번역본도 굉장히 많이 있고요.

그런데 재미난 것은 노자가 살아있었을 때는 유교가 있었을까요? 없었겠죠? 유교는 공자가 만들어놓은 사상 체계인데 노자는 공자보다 먼저 계셨던 분이잖아요. 그런데 노자가 쓴 책을 보면 다분히 의도적으로 유교에 대해 비판적인 내용이 들어 있어요. 이건 누가 쓴 걸까요? 만약 그분이 죽었다 다시 살아나서 썼다고 하더라도 함곡관에서 쓴 것은 아닐 겁니다. 그래서 어떤 사람들은 노자라고 하는 인물을 공자 이전이 아닌 공자 이후의 인물일 거라고 추측하기도 합니다. 《노자》라는 책을 보면 유교적 용어가 많이 등장하거든요. 그러면 노자가 여러 명일까요? 그건 좀 무리한 추측이고 이렇게 보면 어떨까요. 《노자》는 노자 혼자 쓴 게 아니다, 다시 말하면 여러 세대에 걸쳐서 노자학파에 해당하는 분들이 글을 썼는데 그게 나중에 집대성이 된 것이라고 보는 겁니다. 그 집대성 된 책을 노자에게 헌정한 것이죠. 이런 아이디어는 다 우리 스승님 노자의 생각이다, 하고요. 이게 바로 근대의 책과 고전이 다른 이유입니다.

고전은 저자가 유일하지 않습니다. 《맹자》도 맹자 혼자 쓴 책이 아닙니다. 《논어》는 더더욱 말할 것도 없고요. 공자는 자기와 관련된 책을 한 권도 안 썼거든요. 공자 사후에 공자의 제자들이 쓴 글을 모아 놓은 것이지요. 《장자》도 장자 혼자 쓴 책이 아닙니다. 외편과 잡편 같은 경우 장자 이후에 장자 후학들이 쓴 책이라고 알려져 있습니다. 그런 것처럼 《노자》도 초기 노자가 썼을 것 같은 내용이 담겨 있지만 후기 노자 사상가들이 첨부해서 쓴 집단적인 저술입니다. 그것을 묶어 《노자》라고 이름 붙인 것이지요. 동양 고전에서는 너무나 자연스러운 방식입니다.

기독교의 성경 같은 경우에는 앞쪽 다섯 권의 책 창세기, 출애굽기, 레위기, 민수기, 신명기를 모세가 쓴 '모세오경'이라고 합니다. 이 책도 보면 모세가 죽고 나서 한참 후의 이야기가 나옵니다. 어떻게 된 걸까요? 모세가 쓴 게 아니라는 것이죠. 죽은 모세가 부활해서 잠깐 쓰고 다시 돌아간 것이 아니라면 말입니다. 고전의 경우, 저자가 직접 쓴 것이 아니어도 저자에게 헌정하는 경우가 많습니다. 《훈민정음》도 세종을 도와 집현전 학자들이 함께 '훈민정음'을 만들었다는 이야기가 있는 것처럼 《노자》 역시 노자 혼자 쓴 것이 아니라, 노자라는 인물과 그의 후학들이 쓴 것입니다. 따라서 '노자'라는 인물과 《노자》라는 책은 구별되어야 하지요.

그와 달리 근대 사상가들은 그 사람이 언제, 어떤 책을 썼다는 것이 명확합니다. 그러니까 뒤에 누군가가 다른 내용을 더 넣을 수가 없지요. 이번에 다룰 스피노자의 경우에도 언제 태어나고 죽었는지 시기가 분명한 사람이고 언제 무슨 책을 썼는지 알 수 있는 전기가 분명한 사람이지요. 한번 알아볼까요.

낯설지 않은 이름, 스피노자

스피노자(Baruch Spinoza, 1632~1677)의 시기는 중세에서 근대로 넘어가던 때이니 중세 철학자도 아니고 근대 철학자도 아닌, 그 중간에 있는 철학자라고 볼 수 있습니다. 그래서 마지막 중세 철학자라고 하기도 하고, 근대 철학을 연 사람이라고 하기도 합니다. 데카르트와 더불어 근대 철학에 가장 큰 영향력을 행사한 사람이지요. '데카르트' 하면 뭐가 떠오르세요? "나는 생각한다, 고로 존재한다.", 이성의 철학, 근대 철학의 아버지… 이런 게 떠오르지요? '스피노자' 하면 "내일 하늘이 무너져도 사과나무 한 그루를 심겠다."라는 말이 떠오릅니다. 하지만 이 말은 스피노자가 한 것은 아닙니다. 종교개혁자인 마르틴 루터가 한 말인데 스피노자가 한 말인 것처럼 알려진 것이지요. 마치 소크라테스가 "악법도 법이다."나 "너 자신을 알아."라고 말한 적이 없으나 그렇게 전해져 소크라테스의 말이라고 믿게 된 것처럼 말입니다. 사과나무 한 그루를 심자고 한 이야기는 스피노자가 한 말은 아니지만 스피노자의 철학을 온전히 담고 있는 내용입니다. 내일 지구가 멸망하는 것은 굉장히 비극적인 상황이지요? 그래도 사과나무 한 그루를 심겠다고 하는 강하고 선한 의지, 누가 먹을지도 모르지만 나는 나에게 주어진 이 하루를 가장 생산적인 일을 하며 살겠다고 하는 결연한 의지가 스피노자에게는 있었습니다. 그런 의미에서 스피노자가 한 말은 아니지만 스피노자의 정신을 잘 담고 있는 이야기라 할 수 있습니다.

스피노자, 네덜란드의 유태인이자 자유사상가

스피노자의 생애로 넘어가보겠습니다. 스피노자는 네덜란드 출신입니다. 그런데 유대인이지요. 이건 굉장히 중요한 점입니다. 왜냐하면 중세 때는 기독교가 유럽 세계를 지배하고 있었고, 유대인들이 굉장한 탄압을 받고 있었기 때문입니다. 기독교인은 유대인을 자기가 믿고 있는 예수를 죽인 민족이라고 생각했거든요. 히틀러가 기독교인이었지요. 히틀러는 유대인을 예수를 죽인 악마의 민족이라고 생각했기 때문에 없애야 한다는 강한 신념을 가지고 있었습니다. 기독교가 지배하는 당대에 유대인들은 곳곳에서 탄압을 받았어요. 그래서 유대인들은 자기들이 살아갈 수 있는 곳을 찾아 끊임없이 돌아다녔고, 마침내 찾은 곳이 네덜란드였습니다. 네덜란드는 모든 종교를 허용하는 종교 관용 정책을 펼쳤거든요. 굉장히 드문 일이지요. 프랑스 사람이었던 데카르트도 네덜란드에 와서 철학 활동을 했습니다. 왜냐하면 프랑스는 굉장히 종교적인 국가이기 때문에 종교에 반하는 학문 활동을 하면 곧장 탄압에 들어가곤 했기 때문입니다. 반면 네덜란드는 어떠한 견해를 말해도 종교적으로 아무런 문제가 안 되는 나라였죠. 유대인들에게는 정말 천국과 같은 곳이었습니다. 그래서 많은 유대인들이 네덜란드로 이주해서 공동체를 만듭니다. 회당을 차리고 학교를 짓고, 그 지역 사회의 일원으로서 세금도 많이 내고요. 스피노자의 아버지와 할아버지도 자유를 찾아서 네덜란드로 갔지요. 그러니까 스피노자는 유대교의 엄격한 가족적, 종교적 분위기와 네덜란드라고 하는 자유로운 사상의 분위기, 이 두 가지 기운 속에서 태어난 것입니다.

젊은이라면 엄격한 유대교적 분위기를 좋아할까요, 자유로운 사상의 분위기를 좋아할까요? 대부분 자유로운 사상의 분위기에 빠져들고 싶겠지요? 전통적인 것에 대해 의심하고, 뭔가 새로운 것이 있을 거라는 호기심을 품는 것은 모든 젊은이의 특징입니다. 스피노자도 젊었을 때 그랬습니다. 스피노자는 공부하는 걸 굉장히 좋아했고, 일곱 살 때 탈무드에 주석을 달았다고 합니다. 보통 천재가 아니지요. 유대인 공동체에게 사랑과 주목을 한 몸에 받았습니다. 그러다 보니 유대인 사회에서는 히브리어와 성서에 대한 엄청난 지식을 쌓은 천재 스피노자가 위대한 랍비가 되기를 간절히 바랐습니다. 스피노자 정도 급이면 정말 모든 학비를 지원해서라도 랍비로 키우고 싶었던 거죠. 여기까지는 매우 순조로워 보입니다.

문제는 스피노자의 사상이 이미 그 유대인의 울타리를 훌쩍 뛰어넘고 있었다는 겁니다. 스무 살이 되자 스피노자는 예수회의 수사이자 급진주의적 정치가인 반 덴 엔덴(Van den Enden)의 강의에 참석해서 라틴어와 급진적 사상을 배우게 됩니다. 그때 마르틴 루터와 데카르트 철학도 배우지요. 스피노자 같은 젊은이가 데카르트 철학을 만났다고 하는 것은 유대인의 신이 아닌 다른 신을 만난 것과 똑같은 거예요. 이건 엄청난 사건이지요. 그래서 스피노자는 자기가 유대인이지만 점점 유대인이 상상하지 않는 신을 탐색하고 있다는 사실을 깨닫게 됩니다. 그리고 나니 이 사실을 밝혀야 될지 말아야 할지를 고민하지요. 이럴 때 취할 수 있는 지혜로운 행동이 뭘까요? 밝히지 않으면 되겠지요. 사실 스피노자는 그러고 싶었을 겁니다.

지금부터 살짝 재미있게 이야기를 들려드리겠습니다. 유대인 공동체에서는 스피노자가 점점 이상한 사상에 물들고 있다는 걸 알게 되자, 스피노자를 검증하고 싶어 했습니다. 그래서 일부러 스피노자에게 난처한 질문을 하게 만들 젊은이를 파견합니다. 물론 처음에는 스피노자의 추종자 역할을 하게 하면서요. 그리고 젊은이에게 물어보라고 하죠. 예를 들면 천사가 있느냐 없느냐 같은 질문을요. 스피노자는 답을 해줄까 말까 고민하다가 말을 꺼냅니다. 천사 따윈 없다고. 스피노자가 유대인 공동체가 쳐놓은 미끼를 덥석 물고 만 것이지요.

결국 스피노자는 유대인 공동체 사회의 종교재판정에 회부됩니다. 재판정에서 진짜 랍비들이 스피노자에게 묻습니다. 네가 믿는 하느님에 대해서 고백을 하라고요. "네가 이런 말 했다는 게 사실이냐? 신이 인격적이지 않다는 말이 사실이냐? 너는 모세오경을 믿지 않는 거냐?" 스피노자는 타협을 할 수도 있었습니다. 유대인들이 가르쳐준 대로 답하면 되니까요. 그런데 스피노자는 그렇게 말하지 않고 자신의 학문적 신념대로 답합니다.

예를 들면 아담과 이브와 선악과 이야기는 악이 어떻게 만들어졌는지, 인간은 어떻게 힘겨운 노동을 하게 되었는지, 인간은 왜 신과 멀리 떨어지게 되었는지에 대한 교훈을 주기 위해서 설정해놓은 신화 같은 것이고, 따라서 이 이야기를 마치 지구상의 어딘가에서 실제로 있었던 것인 것처럼 믿어서는 안 된다고요. 지금으로 치면 어느 정도 상식이 있는 분들은 고개를 끄덕일 수 있는 내용인데 당시로서 그런 발언은 어마어마한 불경죄에 속하는 것이었습니다.

재판정의 랍비들은 스피노자의 진술에 깜짝 놀라지만, 스피노자를 잃기는 싫었습니다. 그래서 타협안을 제시하지요. '너만의 성서해석을 갖는 것은 좋지만 그 해석을 입 밖으로 발설하지만 않는다면, 우리는 모든 학비를 대서라도 너를 지원할 것'이라는 제안이었습니다. 하지만 스피노자의 입장은 단호했습니다. 스스로 믿는 대로 살아갈 거라고 단호하게 말합니다. 재판정은 스피노자에게 파문을 선고할 수밖에 없었습니다. 파문은 유대인 사회에서 제일 무서운 일이었는데도 말입니다. 왜냐하면 유대인들은 다른 이들로부터 엄청나게 탄압을 많이 받기 때문에 유대인끼리 도와줘야 하고, 그런 점에서 일반적인 공동체보다 유대인 공동체가 훨씬 결속력이 훨씬 강하기 때문입니다. 거기로부터 떨어져 나왔다는 것은 가족을 잃는 것과 똑같지요. 가족을 잃는 정도가 아니라 완전히 버림받은 자가 되는 것이죠. 실제로 파문을 당하더라도 나중에 돌아와서 사과하고 죄를 자백하면 파문이 거두어들여지기도 합니다. 그럼 거기에 맞는 처벌을 받고 근신한 후, 일정 기간이 지나면 다시 복귀를 시킵니다.

스피노자는 자신에게 내려진 결과를 담담하게 받아들이고, 가족과 헤어져 레이든 근처 조그만 마을에서 살게 됩니다. 파문당했을 당시 스피노자의 나이가 스물네 살이었습니다. 그 누구도 그와 이야기를 해서는 안 되고, 그 누구도 그에게 경제적인 도움을 주어서도 안 되고, 그 누구도 그가 한 말이나 쓴 글을 듣거나 읽어서는 안 되고, 그 누구도 그와 반경 2미터 안에 접근해서도 안 되었습니다. 이처럼 스피노자를 공동체로부터 엄격하게 격리시키고 난 후 유대인 사회 지도자들은 신이 내릴 수 있는 모든 저주를 그에게 퍼부었습니다. 하늘에 있는 인명사전에서 그의 이름이 지워지기를, 지옥에 떨어져서 영원히 지옥

불 속에서 고통받기를, 온 유대인 민족의 이름으로 저주한다고요. 스피노자의 파문은 아마도 유대인 사회에서 최고의 파문이었을 겁니다.

사상의 자유를 찾아서

스피노자는 더 이상 자신이 살던 유대인 지역에서 살 수 없었습니다. 그래서 시골로 내려가 하숙을 시작합니다. 돈이 없어서 가장 싼 꼭대기 층 옥탑방 같은 곳에서, 스프와 빵을 겨우 먹으며 가장 최소한의 식사를 했지요. 그리고 생계비 마련을 위해 렌즈를 깎는 일로 호구지책을 삼았습니다. 렌즈를 깎는 기술이 굉장히 정교하고 대단했나 봅니다.

스피노자를 도와주는 사람이 정말 한 명도 없었을까요? 있었지만 스피노자는 자기가 꼭 필요한 것 외의 도움을 받는 것을 거부했습니다. 누군가에게 의존하게 되면 자기의 독립이, 자기 스스로 설 수 있는 능력이 사라지는 것이라고 생각했습니다. 심지어는 하이델베르크 대학교 교수로 초빙된 적도 있었지만 학문적 자유를 위해 그 좋은 조건을 마다하고 거절했습니다. 그러니까 스피노자에게는 잘 먹는 것, 부자로 사는 것, 유명해지는 것보다 더 중요한 것이 있었던 것이죠. 자기의 사상과 철학을 결코 포기하지 않는 삶을 선택한 스피노자는 자기의 신념과 생각대로 글을 쓰기 시작했습니다.

그때 네덜란드에서 엄청난 파문이 일어납니다. 당시 네덜란드에는 오란녀 왕족과 얀 더빗이라는 공화주의자의 두 세력이 대립하고 있었고, 얀 더빗이라는 공화주의 지지자가 정권을 장악하고 있었습니다. 왕정이 아닌 공화정이었고, 사상이 자유로웠습니다. 그런데 프랑스하고 내전이 일어난 것입니다. 왕족들은 프랑스하고 한번 크게 싸워줘야 한다고 주장합니다. 민족주의적인 감정을 불러일으키면 왕족이 중심에 설 수 있었기 때문입니다. 왕족들은 자신들의 권력을 강화하기 위해 프랑스와의 전쟁을 불사해야 한다는 입장이었고, 공화주의자 얀 더빗 형제들은 프랑스와 전쟁을 해선 안 되며, 협상을 하자는 입장을 견지했습니다. 프랑스가 네덜란드를 침공한 상태에서 벌어진 일이니, 사람들이 누굴 더 따를까요? 결과가 어떻게 되든 싸우자는 쪽을 좋아했겠지요. 그래서 얀 더빗 형제가 길거리에서 군중들에게 맞아 죽는 사태가 발생합니다. 이렇게 공화정이 무너지고 오란녀 왕정이 등장하게 됩니다. 왕정이 등장한다는 것은 오란녀 왕정에 반대했던 자들에 대한 감시와 처벌이 시작된다는 것이지요.

스피노자는 공화주의자입니다. 사상의 자유, 정치의 자유, 종교의 자유를 외쳤던 사람이지요. 오란녀 왕족들에게 스피노자는 원수 같았습니다. 스피노자의 책은 처음부터도 문제가 됐지만 왕정 복구가 된 후에 모든 책이 금서로 낙인찍히고 맙니다. 스피노자도 머리를 써서 다른 사람의 이름을 빌려 출간하기도 하지요. 하지만 사람들은 분명 다른 이름으로 출간한 책인데도 원저자가 스피노자라는 것을 알 수밖에 없었습니다. 스피노자만큼 뛰어나고 날카롭게 쓰는 사람은 없었으니까요. 결국 스피노자는 어쩔 수 없이 사상적 탄압을 받게 됩니다.

가까스로 살아남은 《에티카》

스피노자가 마지막으로 출간하고 싶었던 책은 《에티카(Ethica)》라고 하는 저술이었습니다. 생전에 책을 다 썼지만 출간을 하지 못했지요. 이 책을 출간하면 자칫 죽을 수도 있겠다고 생각했던 것이죠. 스피노자는 마흔다섯이라는 젊은 나이에 원인을 알 수 없는 폐질환으로 요절했습니다. 아마도 유리를 깎는 일을 하면서 그 가루가 계속 폐에 쌓였던가 봅니다. 갑작스러운 죽음에, 유언장도 채 남기지 못하고 죽었습니다. 스피노자가 죽자 네덜란드의 비밀 경찰들이 그 집을 급습해서 남아 있는 모든 자료들을 싹 거두어 갑니다. 그런데 스피노자가 죽기 전에, 자기가 죽으면 주요 저술이 담겨 있는 상자를 고스란히 묶어서 자기 이름이 아닌 친구 이름으로 출판사로 보내달라고 부탁을 해두었거든요. 그리고 정말 아슬아슬하게 원고 상자가 출판사로 넘어갔지요. 네덜란드가 어찌할 수 없는 출판사로요. 스피노자의 소망대로 미출간 원고들이 모두 무사히 책으로 출간됩니다. 거기에는 《에티카》도 당연히 포함되지요. 스피노자 최고의 저술이라고 하는 《에티카》는 스피노자가 조금만 게을렀더라면, 아니면 조금만 덜 소중하게 간직했더라면 우리는 보지도 못하고 불태워졌거나, 아니면 비밀문서로 분류되어서 지하 깊은 곳에 있었을 겁니다. 우리에게는 천만다행이지요.

스피노자에 대한 평가는 천차만별입니다. 어떤 사람은 스피노자를 무신론자라고 말하는 사람도 있고, 어떤 사람은 스피노자를 '신에 미친 사람'이라고 평가하기도 합니다. 스피노자는 이 세계의 모든 것을 신의 모습으로 보았거든요. 그런 면에서 신에 미친 사람이죠. 어떤 사람은 스피노자를 '철학자의 예수'라고 말하기도 해요. 스피노자의 삶이 그랬으니까요. 최소한의 생계를 유지하면서 나머지 시간은 오로지 철학 연구에 바쳤던 사람이지요. 영광이나 영예 따위는 신경 쓰지 않고, 오로지 철학 하나만을 위해서 자신의 전 생애를 불살랐던 사람입니다. 그런 의미에서 철학자의 예수라는 말이 틀린 말은 아니지요.

아인슈타인은 "신은 주사위놀이를 하지 않는다."라고 말했습니다. 이 세계에는 법칙이 존재한다는 것이죠. 주사위 놀이는 우연성이잖아요. 세계는 우연적으로 된 것이 아니라 필연적으로 된 것이라는 얘기죠. 그렇게 말했던 아이슈타인에게 한 기독교인이 물었습니다. 당신은 신을 믿느냐고요. 과학자인 아이슈타인에게 종교적 견해를 묻는 것은 부당한 것이지요. 하지만 아인슈타인은 이렇게 대답했다고 합니다. "스피노자의 신이라면, 나는 신을 믿습니다."

과연 스피노자가 이야기한 신은 어떤 신일까요? 우리는 이제 스피노자의 신론뿐만 아니라 기원전 6세기에 살았던 노자가 상상했던 신은 어떤 신인지 살펴볼 것입니다. 둘은 시대적으로 엄청난 격차가 있습니다. 한 사람은 기원전 6세기, 또 한 사람은 1,600년대니까 거의 2,000년 가까이 차이가 나지요. 하지만 신론(神論)에 있어서는 굉장히 흡사한 아이디어를 가지고 있어요. 먼저 선배 격인 노자의 신론부터 살펴보겠습니다.

하늘의 원리, 도

노자도 신을 믿었을까요? 구체적으로 기독교에서 이야기하는 인격적이고 역사개입적인 신을 믿었을까요? 노자는 중국 사람입니다. 중국 사람들은 기본적으로 인격적인 신을 믿지 않습니다. 저 멀리 계시면서 우리를 지켜보시고, 우리를 사랑하시고, 우리를 노려보시고, 잘못하면 욕하고 벌하시는 초월적인 신에 관한 아이디어가 중국인들에게는 없다는 이야기지요. 중국인들에게는 신이라는 개념보다는 하늘〔天〕이라는 개념이 분명하고, 그 하늘도 인간과 구분된 것이 아니라 인간이 그 전체 속에서 살아가야 하는 어떠한 법칙, 또는 변화, 흐름 속에서 이야기하는 하늘입니다. 그런 점에서 동양철학자들의 신관은 기본적으로 무신론적인 신관이에요. 여기서의 무신론이라고 하는 것은 인격적이고 초월적인 신이 없는 차원을 말하는 것이지요. 그렇다고 해서 세상을 살아가는 원리가 없는 것은 아닙니다.

중국 철학에서 서양의 신과 가장 가까운 개념어를 하나 뽑으라고 한다면 바로 '도(道)'입니다. 노자의 사상이 바로 '도'와 관련된 사상이라고 해서 노자의 책 제목이 《도덕경》입니다. 원래 《도경》과 《덕경》이 나뉘어져 있었는데 나중에 합쳐지면서 도덕경이라는 제목을 갖게 되었습니다. '도(道)'가 이 세상 만물을 움직이는 원리라고 한다면, 그러한 원리에 따라서 살아가는 삶을 '덕(德)'이라고 합니다. 순리에 따라 살아가는 삶이라고 할까요? 가령 바람을 따라 움직이면 빠르게 움직일 수 있지만, 바람을 거슬러 움직이려고 한다면 굉장히 힘겹겠죠? 세계가 어떻게 흘러가고 작동하는지를 알면 그에 따라 흘러가는 삶이야말로 가장 자연스러운 삶일 겁니다. 그것에 반대되는 역행의 삶은 굉장히 힘든 삶이 되는 거고요. 덕(德)이라고 하는 것은 우주 만물의 원리와 법도, 모든 만물이 가는 길을 따라서 살아가는 것을 말합니다. 덕(德)은 일종의 능력이지요.

하늘의 법도에 따라 살아가는 사람을 노자는 성인(聖人)이라고 표현했습니다. 성인(聖人)의 의미는 책마다 다르거든요. 공자의 책에 가장 많이 나오는 말은 군자(君子)라는 표현입니다. 공자가 추구하는 이상적 인간형이 군자라면, 노자가 말하는 이상적 인간형은 성인(聖人)이라고 보면 됩니다.

도덕경 신론 1. 신을 규정할 수 없다

노자의 《도덕경》은 여든한 개의 시로 구성되어 있지만 이걸 전부 살펴볼 수는 없어요. 그래서 대표적인 부분만 살펴보려고 합니다. 제일 먼저 제1장, 가장 중요한 장이지요. 이렇게 시작됩니다.

  道可道非常道 도가도비상도
  名可名非常名 명가명비상명
  無名天地之始 무명천지지시
  有名萬物之母 유명만물지모

어려운 한자는 없습니다. 하지만 단번에 이해하기는 어렵습니다. 한 문장 한 문장 끊어서 읽어보겠습니다. '도가도 비상도'. 도(道)는 '길, 진리' 등으로 해석할 수 있는데, 저는 진리라 해석하겠습니다. 진리를 진리라 말하지만 영원한 진리가 아니다. 쉽게 말해 진리는 파악할 수 없다는 말입니다. 그 다음 문장이 '명가명 비상명', 이름을 이름이라 말하지만 영원한 이름이 아니다. 쉽게 풀면 변함없는 이름이란 없으니 함부로 이름 붙이지 말라는 이야기지요. 이름 대신 신(神)으로 바꿔 표현하면, 신은 뭐라고 형용할 수가 없다는 말입니다. 신에다 이름을 붙여서는 안 된다는 거예요. 이름 붙이기, 다시 말해 개념화하기의 위험성에 대한 경고입니다. 신학적으로 표현하자면 부정(不定)신학이지요. 들뢰즈의 근사한 표현에 따르면, "감추는 것은 또한 표현한다. 하지만 표현하는 것은 여전히 감춘다." 진리가 드러나긴 하지만 온전히 드러나지는 않는다는 거지요. 신도 마찬가지고요. 인간이 알고 있고, 인간이 개념화해놓은 지식 체계는 온전히 세상을 담아낼 수 없다는 태도입니다. 인간의 능력으로 볼 수 있는 신은 신의 극히 일부분인 거라고요. 따라서 인간이 언어로 표현할 수 있는 신조차 신의 전체를 포괄할 수는 없겠죠? 그런데 자기가 본 극히 일부분을 가지고 "이게 도야, 이게 진리야, 이게 신이야."라고 말한다면 그것만큼 오만한 것은 없겠지요. 마치 우물 안 개구리가 우물 안에만 살면서 자기 눈에 보이는 하늘만이 하늘의 전체라고 여기는 것과 똑같은 것입니다.

인간은 그런 존재입니다. 따라서 진리라든지, 길이라든지, 신이라고 하는 것은 이름 지을 수도 없고, 이것이라고 정의할 수도 없는 것이지요. 기본적으로 무명(無名)입니다. 이름이 없어서 천지지시(天地之始), 하늘과 땅의 시작이 될 수 있어요. 처음부터 이름을 갖고 태어난 것은 없습니다. 반면 유명(有名), 만약에 이름이 생긴다면 만물지모(萬物之母), 모든 것의 어머니가 됩니다. 이름이 있건 없건 존재 자체는 다를 바 없어요. 내 이름이 없다고 해서 내가 없는 건 아니지요? 내게 이름이 정해지잖아요? 나는 그 이름대로 살 수 밖에 없어요. 어떤 사람들은 자기 이름이 마음에 안 들어서 이름을 바꾸기도 하지요. 이름을 정한다고 하는 것은 다른 사람과 식별하는 데는 좋지요. "야!" 하고 부르면 다 쳐다보지만 "누구야!" 하고 부르면 나만 쳐다볼 수 있으니까요. 그렇게 만물과 나를 구별하게 하는 데 이름이 있는 것은 중요하지만, 본래 모든 존재는 이름이 없는 거예요. 이름이 없는 것에 이름을 지어놓고 그걸 부를 뿐이지요. 그런 의미에서 유명(有名) 이전에 무명(無名)이 먼저입니다. 있음[有] 이전에 없음[無]이 먼저라는 것이지요. 세상을 볼 때도 그렇게 보라는 것입니다. 신도, 진리도, 세상도 마찬가지입니다. 세상과 신은 말로 표현될 수 없는, 꼭 짚어 말할 수 없는 그 어떤 것이다. 이게 노자가 이야기하고 싶은 첫 번째 신론입니다.

도덕경 신론 2. 신은 머물지 않는다

2장의 일부분을 읽어볼까요?

生而不有　　생이불유
爲而不恃　　위이불시
功成而弗居　공성이불거
夫唯弗居　　부유불거
是以弗去　　시이불거

생이불유(生而不有). 정말 멋있는 문장입니다. 낳았지만 자기 것이라고 말하지 않는 거예요. 우리는 아이를 낳으면 "이건 내 자식이야, 내

거야."라고 하잖아요? 하늘은 그렇게 안 한다는 겁니다. 굉장히 헌신적으로 열심히 낳지만 힘들게 낳은 아기를 자기 것이라 말하지 않습니다. 태양이 햇빛을 비추어서 만물이 자라지요? 그런데 태양이 내가 햇빛을 비춰주었으니까 "너희는 다 내꺼야, 움직이지 마!"라고 하지 않는다는 거예요. 햇빛을 주는 걸로 끝이지 소유하려고 하지 않습니다.

위이불시(爲而不恃), 행동하지만 의존하지 않는다는 말입니다. 사람들은 자신이 해놓은 업적에 의존해서 살아가는 게 인지상정입니다. 그런데 일을 해놓고 의존하려고 하지 않습니다. 자식을 키워놓고 의존하지도 않고 뭔가를 바라지도 않고 무심하게 행동합니다.

공성이불거(功成而弗居), 공을 이루지만 거기에 머물지 않는다. 사람들은 뭔가 업적을 쌓으면 마치 자기 것인 양 자기가 거주해야 할 것인 양 살지만, 하늘은 그렇게 하지 않는다는 것입니다. 뭔가 공을 세워도 결코 거기에 거하지 않는다는 말이지요.

다음에 멋있는 문장이 나와요. 부유불거(夫唯弗居), 머물지 않기 때문에, 시이불거(是以弗去) 사라지지 않는다. '불거'가 두 번 나오는데요. 앞의 불거(弗居)는 머물지 않는다는 뜻이고, 뒤의 불거(弗去)는 사라지지 않는다는 뜻입니다. 우리는 어딘가에 거하면 영원한 것처럼 생각하기 마련입니다. 하지만 어딘가 거하지 않기 때문에 영원하다는 거예요. 고이면 썩고, 변하지 않으면 죽게 되죠. 하늘의 이치입니다.

3장에는 이런 문장이 있습니다.

爲無爲　　위무위

則無不治　즉무불치

이게 핵심인데요. 무위(無爲)를 한다[爲], 여기서 '무위(無爲)'라는 말을 그대로 풀이하면 '하지 않음'이지요. 하지 않음을 한다, 이상하잖아요? 무위(無爲)는 '억지로 하지 않는다'는 뜻입니다. 위무위(爲無爲)는 무위로 다스린다는 뜻이고, '억지로 하지 않는 방식으로, 자연스럽게 한다'는 것이지요. 그 결과가 무불치(無不治), 다스리지 못할 것이 없다는 것이고요. 이게 하늘의 움직임이라는 겁니다. 하늘은 억지로 혹은 강제로 뭔가를 하지 않고도, 만물을 살리고 키우고 성장시키고 뭔가 이루게 만듭니다. 이게 바로 하늘의 원리예요. 노자가 본 하늘입니다. 반면 인간의 문명사회는 뭔가 억지로 계획하고 강제로 집행하지요. 그런 태도를 '유위(有爲)'라고 해요. '무위(無爲)'는 유위의 문명 세계에 대한 비판적 성찰을 담고 있는 개념이지요.

도덕경 신론 3. 신은 텅 비어 있다

4장에는 이런 표현도 있습니다.

道沖而用之, 或不盈,　도충이용지, 혹불영

淵兮! 似萬物之宗　　연혜! 사만물지종

　도충이용지(道沖而用之), 여기서 '충(沖)' 자는 '비어 있다'는 뜻입니다. 신은 마치 없는 것 같고, 진리는 텅 비었다는 것이지요. 용지(用之), 그것이 쓰임이고, 그래야 쓸 수 있지요. 이해가 어렵다면, 빈 잔을 떠올려봅시다. 엄청 큰 잔이 있습니다. 잔이 클수록 많이 채울 수 있지요. 만약 잔이 꽉 차 있으면 뭘 채울 수 있을까요. 아무것도 채울 수가 없습니다. 신(神)도 마찬가지 아닐까요? 자꾸 뭘 채워서 신의 개념을 만들어내는 것이 아니라, 자꾸 뭘 비워내야지만 비로소 신이 깃들 수 있다는 것입니다. 내 속에 '이게 신이야, 저게 신이야' 하는 신의 개념을 자꾸 만들어내면 신은 거기에 머무를 수가 없습니다. 비워내야지만 머무를 수 있는 것, 그게 신이라는 것입니다. 그렇기 때문에 결코 차지 않습니다. 혹불영(或不盈), '영(盈)' 자가 '가득 찰 영' 자입니다. 가득 채울 수가 없습니다. 왜냐하면 엄청나게 비어 있거든요. 우리가 하는 말 정도로는 채울 수가 없는 게 바로 도라는 것입니다. 감탄이 절로 나오지요. 연혜(淵兮), 즉 그윽하구나! 사만물지종(似萬物之宗), 만물 중 으뜸에 가깝다는 말입니다. '사(似)'는 '흡사'라는 뜻이지요. 노자의 하느님은 텅 빈 하느님입니다. 어떤 신학자는 이걸 '없이 계신 분'이라고 표현했습니다. 우리가 보기엔 없는 것 같지만 그 없는 것 때문에 가득 비운 상태로 있는 것, 그게 노자의 하느님입니다.

도덕경 신론 4. 신은 먼지와 같다

그러한 도(道)가, 그러한 하늘이 어떤 역할을 하는지 봅시다. 4장 후반부를 읽어보겠습니다.

挫其銳,　　　좌기예
解其紛,　　　해기분
和其光,　　　화기광
同其塵,　　　동기진
湛兮! 似或存,　담혜! 사혹존
吳不知誰之子,　오부지수지자
象帝之先.　　　상제지선

좌기예(挫其銳), '좌(挫)'는 '꺾는다'는 뜻이고, '예(銳)'는 '날카롭다'는 뜻입니다. 해석하면 날카로움을 무디게 하고, 해기분(解其紛), '분(紛)'은 어지러운 것이니 실타래가 얽혀 있는 것을 풀게 하고, 화기광(和其光), 그 빛을 온화하게 하고, 동기진(同其塵), '진(塵)'은 '먼지'이니 풀이하면 먼지와 하나가 된다는 말입니다. 정말 멋진 말이죠. 노자를 좋아하는 분들은 '화기광 동기진' 이 여섯 글자를 네 글자의 성어로 만들어 최고로 좋아합니다. 이른바 화광동진(和光同塵)이라고 합니다.

화광(和光), 이 세상에서 가장 무서운 빛이 뭔지 아세요? 상대방을 알 수 없게 비추는 빛입니다. 밤중에 누군가가 나를 향해 정면으로 손전등을 비추었다고 상상해봅시다. 상대는 내가 훤히 보이겠지만, 나는 빛이 눈부셔 상대가 누군지 보이지 않습니다. 이 찬란한 빛이 제일 무서운 겁니다. '화광'은 그러한 빛을 온화하게 한다는 것입니다.

그다음 동진(同塵)이라는 말은 먼지와 하나가 된다는 것인데요, 우리는 만날 신이 저 높은 곳에 있는 고귀한, 고결한, 인간과 다른 차원의 무엇이라고 여기지만, 노자가 보는 신은 동진이에요. 먼지와 하나가 된다는 것이죠. 먼지야말로 우리가 경험할 수 있는 최하의 것이잖아요. "에이, 먼지 같은 놈아." 그러면 존재 자체가 없다는 뜻이거든요. 그런데 노자의 신은 바로 그 먼지와 하나가 되니, 도가 먼지와 같이 없는 곳이 없다는 것입니다. 어디에나 도는 있다는 것, 어디에나 신은 존재한다는 말이지요.

물론 노자가 '신'이라는 말을 서양의 기독교에서 말하는 신과 같은 개념으로 사용한 건 아니지만, 이게 바로 자연 만물의 모습입니다. 생각해봅시다. 아무리 날카로운 칼도 시간이 지나면 녹슬어서 무뎌지지요. 칼은 날카로울수록 더 빨리 녹슬고 더 빨리 닳아 없어집니다. 그래서 보통 칼을 보관할 때는 날카롭게 만들어서 보관하지 않아요. 그게 바로 자연의 원리이기 때문입니다. 이리저리 엉켜 있는 것도 안 풀어질 것 같다면 그냥 내버려둬 보세요. 썩어서 풀어집니다. 빛이 중천에 떠 있으면 빛이 도저히 안 내려갈 것 같아도 저녁이 되면 내려앉습니다. 그렇죠? 모든 자연 만물의 법도를 이겨낼 수 있는 건 없습니다. 그렇게 세상을 보면 우리의 삶도 다른 방식으로 살아갈 수 있습니다.

도덕경 신론 5. 신은 인자하지 않다

5장은 첫 두 문장만 읽어봅시다.

   天地不仁　　천지불인
   萬物爲芻狗　만물위추구

천지불인(天地不仁), 하늘은 어질지 않다. 이 문장 때문에 노자는 공자보다 후대 사람이라고 추정합니다. 왜냐하면 유교에서는 '인(仁)'을 최고의 덕목으로 치거든요. 인은 '인자하다, 사랑한다'는 뜻이잖아요. '천지'라고 하는 것은, 이 세상 만물은 불인(不仁)하다는 것입니다. 인격성을 가지고 있지 않다는 말이지요. 인격성이라고 하는 것은 인간이 가지고 있는 성격입니다. 인간성, 인격성. 그런데 우리가 가지고 있는 것이 모든 만물에 다 통하나요? 정말 그렇다면 우린 이해하지 못할 게 너무 많아집니다. 개만 봐도 엄마 개하고 새끼 개하고 교미를 하잖아요. 그건 인격성으로 보면 정말 패륜이잖아요. 그렇다고 해서 개에게 "이 자식이?" 하지 않고 내버려두잖아요. 닭 같은 경우는 수탉 하나가 나머지 수탉을 전부 죽여 버리고 자기가 군림하지요. 만약 인간 사회에서 그런 일이 발생했다면 수컷들이 굉장히 힘들어지겠죠? 한 사람만 남고 나머지는 피투성이가 되어 쩔쩔 매고, 암컷들이 전부 한 수컷만 바라보고 산다면 아름다운 사회일까요? 이런 건 인격성으로 볼 수 없는 거지요.

제가 들은 아주 황당한 이야기가 하나 있습니다. 어떤 목사가 이런 말을 했더라고요. 동남아 쪽에 쓰나미가 몰아닥쳐서 많은 사람이 죽었는데요. 그 이유가 동남아인들이 기독교를 안 믿어서 그런 것이라는 이야기였습니다. 이게 말이나 됩니까? 한번 생각해보세요. 쓰나미가 그곳을 강타했을 때, 분명히 그곳 관광지에 기독교인도 있었을 것입니다. 그러면 기독교인 앞으로는 쓰나미가 몰려오다가 홍수가 갈라지듯이 쫙 갈라지면서 이분들만 무사하시고 기독교를 안 믿는 분들만 죽었을까요? 그렇지는 않잖아요. 그런 것처럼 이 세상 만물에 인격성을 부여하는 것은 인간의 비과학적인 태도인 거예요. 길을 걷다가 하늘에서 벼락이 떨어지면 내가 잘못해서 떨어지는 거라고 생각하거나, 뭔가 잘못하신 분들이 천둥 번개 치면 조심조심 하시는데 그럴 필요가 없다는 것이죠. 벼락 맞을 사람은 어쨌든 맞는 거예요. 나쁜 짓해서 맞는 것도 아니고, 좋은 일 한다고 안 맞는 것도 아니고. 그런 것을 마치 인간이 착한 일을 하면 상을 주고, 악한 일을 하면 벌을 주고 하는 식으로 하늘만 봐서는 안 된다는 게 노자의 아이디어입니다. 그래서 천지불인(天地不仁), 하늘과 땅은 인격성이 없다고 말하는 것입니다. 거기에 인격성을 부여하면 신이 우스워지는 것이지요. 그래서 다음에 만물위추구(萬物爲芻狗)라고 말하지요. '추구(芻狗)'는 '짚으로 만든 개'입니다. 짚으로 만들어서 제사상에 올리는 도구인데 제사가 끝나면 그걸 버리고 다시 재활용하지 않습니다. 제사 때 지방(紙榜)을 사용한 후에 태워서 버리는 것처럼요. 그렇게 쓰임새가 다 끝나면 버리는 게 천지의 일이라는 겁니다. 따라서 인격적인 눈으로 신을 바라보아서는 안 된다, 신은 인격성에 포함될 수 없는, 인격성을 훨씬 뛰어넘는 것이라는 말이지요.

도덕경 신론 6. 여신은 영원하다

6장을 읽어 보겠습니다.

谷神不死　곡신불사
是謂玄牝　시위현빈

곡신불사(谷神不死), 곡신(谷神)은 계곡의 신, 계곡의 신은 죽지 않는다. 시위현빈(是謂玄牝), 현(玄) 자는 그윽할 현, 빈(牝)은 암컷, 여성, 골짜기 빈입니다. 풀면 그윽한 여인이라 불립니다. 영어로 말하면 '미스

테리어스 우먼(mysterious woman)', 신비의 여인이라는 뜻이지요. 노자는 신을 여성에 가깝다고 보았습니다. 곡신은 뭘까요? 잘 보세요. 산을 보면 꼭대기에 생물이 살까요? 못 살지요. 모든 생명체는 골짜기에 삽니다. 골짜기에는 물이 흐르니까요. 생은 그 꼭대기에 있는 것이 아니라 골짜기에 있는 것입니다. 생은 남성적 가치에 있는 것이 아니라 여성적 가치에 있는 것이지요. 그래서 현빈, 여성이야말로 모든 것을 낳고 기르잖아요. 이런 여성적 이미지를 차용하여 신을 그렸습니다. 그것이 바로 노자가 상상하는 신의 모습입니다.

7장을 보면 우리에게 익숙한 구절이 나옵니다.

天長地久　　　　　천장지구
天地所以能長且久者　천지소이능장차구자
以其不自生　　　　이기불자생
故能長生　　　　　고능장생

천장지구(天長地久), 기억나세요? 유덕화, 오천련 주연의 영화 제목이지요. 이 천장지구(天長地久)는 천지가 장구하다는 뜻입니다. 장구(長久)하다? 우리말로 바꾸면 무한하고 영원하다는 것입니다. 끝이 없다는 거지요. 왜 장구할까요? 다음 문장에 이유가 나옵니다. 천지소이능장차구자(天地所以能長且久者), 하늘과 땅이 능히 장(長)하고 구(久)한

까닭은, 이기불자생(以其不自生) 즉 그 스스로가 자기를 위해 살지 않기 때문이다. 고능장생(故能長生), 그래서 능히 영원히 살 수 있다. 신 또는 천지, 우주만물은 자기를 위해 살지 않아서 영원한 것이지요. 자기를 위해 살면 지질해지는 거죠. 이게 노자가 보았던 세계관입니다.

신은 영원하다. 그 영원함의 이유는 자기를 위해 살지 않기 때문이다. 신은 여인과 같습니다. 모든 것을 기르죠. 그렇지만 소유하지는 않아요. 키워줄 뿐이지 거기에 기대지 않아요. 공을 이루고도 거기에 안 머무르니 신인 것이지요. 자꾸 자기 것을 채우고 채우려는 게 신이 아니라, 자기 것을 비우고 비우려는 게 신이라는 겁니다. 텅 비려고 하는 자, 그가 신이라는 것이죠. 텅 비우니까 없어 보여요. 하지만 텅 빈 것이야말로 가장 위대한 것이다. 아무리 거기에 부어 넣어도 채워지지 않는다. 이 얼마나 아름다운 상상력인가요! 그게 노자가 본 진리이고, 신이자 노자가 말하는 도(道)입니다. 천지는 다 그러한 방식으로 작동한다는 거예요. 그렇다면 그러한 방식으로 작동하는 천지의 모습을 따라서 살아가면 참된 삶이 되겠지요. 노자는 도를 실천하는 것을 덕이라 했고, 그 도를 실천하는 사람을 성인이라고 했던 것입니다.

물처럼 살아라

그러면 우리는 어떻게 살아야 하느냐? 8장의 아름다운 문장을 봅시다.

上善若水　　　　상선약수
水善利萬物而不爭　수선이만물이부쟁
處衆人之所惡　　　처중인지소오
故幾於道　　　　고기어도

　상선약수(上善若水), 최고로 선한 것은 마치 물과 같다. 수선이만불이부쟁(水善利萬物而不爭), 여기서 '선(善)'은 '잘한다'는 뜻입니다. 물은 만물을 이롭게 한다는 거예요. 그러고 나서 부쟁(不爭), 다투지 않습니다. 누가 나 좀 뜯어먹었다고, 누가 물 좀 빨아먹었다고 왜 나를 먹느냐고, 왜 내 물을 빨아먹느냐고 싸우지 않는다는 겁니다. 물은 만물을 잘 키워내면서도 만물과 싸우지 않아요. 그것만이 아니지요. 처중인지소오(處衆人之所惡), 여기서 마지막 글자는 '악'이 아니라 '오'라고 읽어요. 싫어한다는 뜻입니다. 물은 사람들이 싫어하는 곳으로 갑니다. 물이 흘러가다가 똥이 있다고 똥을 피해 가나요? 아니지요. 같이 갑니다. 똥을 자기 몸으로 녹여버리고 갑니다. 사람들은 더러운 곳을 피해 가잖아요? 물은 흘러가면서 그걸 다 끌어안고 갑니다. 성인이 되어, 하늘의 도를 따라 살아가려면 물처럼 살라는 것입니다. 만물을 키우는 것, 그러나 싸우지 않는 것, 사람들이 싫어하는 곳으로 흘러가는 것, 이것이 물의 원리입니다. 그것이 상선, 최고로 좋은 모습이라는 거예요. 그 모습이 고기어도(故幾於道), 기(幾)는 '가깝다'는 뜻이지요, 도에 가깝다. 물처럼 살면 신에 가깝게 된다는 겁니다.

9장에는 이런 문장이 나옵니다.

功遂身退, 天之道 공수신퇴, 천지도

공수신퇴(功遂身退), 공이 이루어지면 몸을 물려라. 그것이 천지도(天之道), 하늘의 도리다. 우리는 공수신불퇴 하잖아요? 공을 이루었으면 끝까지 그걸 쪽쪽 빨아먹으려고 하지요. 신퇴(身退)하는 거, 이게 굉장히 힘든 거예요. 그런 시(詩)도 있지요. '떠나야 할 때를 알고 떠나가는 이의 뒷모습은 얼마나 아름다운가' 하는 시요. 우리는 항상 떠나야 할 때를 놓치잖아요? 그 포인트를 잘 잡으면 멋있는데, 그 포인트를 못 잡아서 사람이 추해집니다. 그만둬야 할 때 딱 그만두면 진짜 멋진데, 한 해만 더 해볼까? 차기까지만 해볼까? 뭐 이러다가 망하지요. 자연은 그렇지 않습니다. 봄이 오고 여름이 오고 가을이 오고 겨울이 오는 것처럼 흘러가니, 우리의 삶도 흘러가야 하리라는 것이죠.

위대한 지도자의 조건

노자에 관해 읽어볼 마지막 구절입니다. 17장을 읽어봅시다.

太上下知有之　태상하지유지
其次親而譽之　기차친이예지
其次畏之　　　기차외지
其次侮之　　　기차모지

노자가 이야기하는 위대한 지도자입니다. 네 가지 등급이 정해져 있죠. 최상등급은 어떤 지도자냐? 태상하지유지(太上下知有之), 최상은 아랫사람들이 지도자가 있다는 사실만 아는 존재이다. 가령 우리가 평소에 공기나 물, 태양이나 달을 의식하고 사나요? 그렇지 않죠. 그것 중 어느 하나만 없어도 우리 삶은 난리가 나겠지만 우리는 그 존재를 의식하지 않고 살아요. 최상의 지도자는 바로 그러해야 한다는 거지요.

다음(其次)은? 친이예지(親而譽之), 지도자가 친하고 명예를 아는 것입니다. 지도자가 사람들로부터 칭찬을 듣는 겁니다. "우리 사장님 최고야, 우리 사장님 너무 멋있어요! 사장님과 우리는 영원히 함께할 거야." 이렇게 칭찬받고 명예롭게 되는 지도자가 최상 다음의 지도자죠. 그다음(其次)은? 외지(畏之), 두려운 존재입니다. 유독 두려운 리더가 있습니다. 명령하고 점검하고 제대로 되어 있지 않으면 처벌하고. 그게 3등급 리더지요. 최악은 어떤 지도자일까요? 모지(侮之), 사람들이 그를 치욕스럽게 생각하는 지도자입니다. 사람들이 그 지도자를 치욕스럽다고 느낍니다. "아직도 안 죽었어? 언제까지 살아, 이 인간은? 벼락은 어디에 치는 거야, 도대체?" 이런 이야기를 듣는 리더 종종 보셨을 겁니다.

이 지도자 순서는 다분히 당대의 권력자들을 비판하기 위해서 쓴 것입니다. 최상의 지도자는 물론 노자의 사상에 따르는 지도자지요. 그다음은 유가적 지도자, 그다음은 법가적 지도자, 마지막이 바로 독재자, 즉 폭군이죠. 진정한 지도자는 성인, 즉 있는 듯 없는 듯 살면서 남을 이롭게 하고, 싸우지 않고, 남들이 하기 싫은 일을 하며, 순리에 맞춰 살면서, 공을 세워도 그걸 자기만의 것으로 여기지 않고 모두의 것으로 삼는 사람이지요. 그게 최상의 리더이고 노자가 말하는 성인입니다.

스피노자의 기하학적 신

노자처럼 스피노자 역시 자연의 모습에서 신을 발견했습니다. 하지만 접근법은 노자와 다릅니다. 노자가 특정한 개념화를 거부하면서 비유적으로 접근했다면, 스피노자는 철저하게 기하학적 방법으로 신에 접근합니다. 이런 접근 방식은 스피노자 시대 신관과의 대결을 위해서는 불가피한 측면이었습니다. 스피노자가 자신의 신관을 정리해놓은 책이 《에티카》거든요. '윤리'라는 뜻인데요. 그 책의 부제(副題)를 이렇게 썼습니다. '기하학적 순서로 증명된(ordine geometrico demonstrata)'! 거창하고 무시무시하지요. 기하학이라는 말이 나오니까 벌써부터 오금이 저리지 않나요? 지금부터 제가 기하학적 방식으로 신을 설명해볼게요. 너무 무서워하지 마세요. 저도 문과 출신입니다. 그럼 한번 시작해볼까요?

예를 들어 기하학적으로 삼각형을 정의하면, 삼각형은 '세 개의 직선으로 이루어진 도형으로서 그 내각의 합이 180도'라고 정의할 수 있겠지요. 이렇게 정의를 딱 내리면 어떤 다른 놈, 예를 들어 사각형이 와서 "나도 삼각형!"이라고 하면 틀렸다는 걸 단번에 알 수 있지요. 일단 세 개의 직선으로 이뤄진 것이 아니라 첫 번째 조건에도 안 맞고, 내각의 합이 180도도 아니라 두 번째 조건에도 안 맞습니다. 그러면 당연히 삼각형이 아닌 거지요. 전제와 조건이 맞지 않으니까요. 이해되셨나요? 그런데 이번에는 직각삼각형이나 이등변삼각형 혹은 둔각삼각형이 나타나요. 다 다르게 생겼지요. 그런데 모두 세 개의 직선으로 이루어져 있고 내각의 합이 180도예요. 그렇다면 이것들은 모양이 다르지만 삼각형입니다. 왜냐? 정의에 딱 맞으니까요. 모양은 좀 다르지만 삼각형의 정의에 딱 맞아요. 이렇게 무언가를 정의해놓으면, 그 틀에 비추어 다른 것을 점검해볼 수 있어요. 이게 기하학적 증명이라는 거예요.

자, 그러면 이번에는 '신(神)'을 살펴봅시다. 신은 사람마다 정의가 다르잖아요. 신을 본다고 말하는 사람도 있고요. 신을 언제 만났는지는 모르지만 만나긴 만난 것 같다고 말하는 사람도 있고요. 이처럼 사람마다 생각하는 신이 다 다릅니다. 만약에 말(馬)이 말을 한다면 말의 신은 말같이 생겼겠지요? 왜 천지창조 그림 보면 하느님이 인간같이 생기셨잖아요. 그런 것처럼 아마 ET의 신은 ET같이 생겼고, 파리의 신은 파리같이 생겼을 겁니다. 이렇게 다 다르게 신을 생각하면 신에 대해서 말할 수 있는 게 없어집니다. 그러니 개별적 종교인들이 상상하는 신 말고 기하학적인 증명을 통해서 모든 사람이 동의할 수 있는 신을 한번 정의해보자는 겁니다. 이것은 어마어마한 기획이에요. 삼각형을 정의 내리듯이 신도 정의를 내려보자고요.

누구나가 동의할 수 있는 첫 번째 정의는, '신은 무한하다'는 겁니다. 무한하다는 말은 공간적인 의미입니다. 외부가 없다는 것이죠. 만약 신이 무한하지 않고 강의실 하나 만하다면, 그게 신일까요? 그럼 강의실을 기준으로 강의실 안에는 신이 있고, 강의실 밖에는 신이 없게 되잖아요. 그건 신이 아닙니다. 무한하다는 정의에 위배되니까요. 신은 무한하다는 말은 외부가 없다는 뜻이지요. 이해가 되세요?
두 번째 정의는 '신은 완전하다'는 것입니다. 이 역시 신의 속성으로 내릴 수 있는 정의죠. 불완전하면 신이 아니잖아요? 신은 완전하다는 이야기는 불완전한 게 없고, 결핍이 없다는 거예요. 모자람이 없다는 것이지요. 모자람이 없는 존재가 무언가를 더 원할까요? 그럴 리가 없어요. 아무것도 원하지 않아요. 완전한 것은 결핍이 없으므로 원하는 것도 없지요. 인간이 신을 향해 헌금하는 등의 행동은 신은 완전하다는 사실을 조롱하는 것입니다. 신은 아무것도 바라지 않아요. 이미 완전한데 뭘 더 바랄까요. 신이 무언가를 바란다는 것은 신의 완전성을 위반하는 것입니다.

세 번째 정의는 '신은 영원하다'는 것입니다. 신의 무한성이 공간의 개념이라면 영원성은 시간의 개념이에요. 존재하지 않은 적이 없다, 과거에도 있고 지금도 있고 미래에도 있다는 말이지요. 이 세 정의는 우리가 신을 정의할 때 인정할 수 있는 정의입니다. 철학적 그리고 기하학적으로 신을 바라본다면 이 세 정의는 신이 당연히 가져야 하는 속성이고 이 세 정의에 맞는 것을 신이라고 이야기해봅시다.

자 그러면 신은 무한하고, 영원하며, 완전한 존재라는 정의를 염두에 두고 다음 질문에 답해봅시다. 이 세상은 신 내부에 있을까요, 외부에 있을까요? 우리가 사는 여기는 신 내부인가요, 외부인가요? 내부지요. 신이 저기에 계신 분이라면 여기는 신 바깥이지요. 저기 계신 분이 여기에 안 계시면, 저 신은 신이 아닌 거지요? 신은 무한하다는 정의에 위배되잖아요. 따라서 여기는 신의 내부입니다. 신의 내부에 있는 우리들은 신의 부분이지요. 이해가 되세요? 스피노자는 이렇게 말했습니다.

"존재하는 모든 것은 신 안에 있으며, 신 없이는 아무 것도 존재할 수도 또 파악될 수도 없다."_《에티카》 1부 정리15

우리는 모두 신의 한 조각

우리가 살고 있는 이 세상은 모두 신의 내부입니다. 이 자연이 바로 신의 모습이지요. 문학적으로 표현해보면, 우리는 다 신의 한 조각이에요. 이 중에 단 하나의 조각만 빠져도 신은 완성되지 않습니다. 왜냐하면 신은 완전해야 하니까요. 내가 미워하는 존재도 신의 일부입니다. 우주 삼라만상이 다 신입니다. 스피노자의 표현을 따르자면 '신은 곧 자연'이지요.

자, 그렇다면 이 세계가 바로 신이에요. 또한 신이 완전하다면 신은 아무것도 원하지 않습니다. 왜냐? 신이 무언가를 원한다면 완전한 것이 아니니까 신의 정의와 충돌하지요. 그러면 우리는 이렇게 말할 수 있습니다. 우리가 살고 있는 곳은 신의 내부이며, 우리는 신의 일부이며, 우리의 삶이 신의 모습이라고요. 과거에도 그러했고 지금도 그러하며, 앞으로도 그럴 거예요. 우리가 이 모양 이대로 살아가는 것이 곧 신이 드러나는 것입니다. 신에게 무언가를 바쳐야만 칭찬받는 그런 존재가 아니라, 우리는 신의 영원한 일부로서 신의 속성을 가지고 이 삶을 살아가는 것입니다.

인간은 유한합니다. 인간이 유한하다는 것은, 이 형태를 가지고 있는 것이 유한하다는 말입니다. 그러면 이 형태가 사라진다고 우리가 사라지나요? 사라지지 않습니다. 이건 열역학 제1법칙, 에너지 불변의 법칙입니다. 이 세상의 모든 에너지는 결코 사라지지 않아요. 그 모양이 바뀔 뿐이지요. 우리가 태어나기 이전에도 우리를 구성하는 에너지는 있었고, 우리가 태어나서 그 에너지를 이렇게 사용하고 있는 것이고, 우리가 죽은 다음에 다른 에너지로 변환될 뿐입니다. 그러니까 우주 만물, 삼라만상이 다 신의 모습을 구현하고 있는 것입니다.

그렇다면 이 세계에서 일어나는 수많은 모습들을 선하거나 악하다고 말할 수 있을까요? 없어요. 신은 이미 선과 악의 개념을 넘어선 거예요. 만약에 신이 선하기만 하다면 악이 결핍된 거고, 악하기만 하다면 선이 결핍된 것입니다. 그러면 완전성에 위배가 돼요. 선악이라는 개념은 신의 개념이 아니라, 인간이 자기의 삶을 살기 위해서 만들어 놓은 작위적인 개념인 것이지요. 이해가 되시나요? 그렇다면 그동안 인류가 '신은 선하다, 그러니 너희들도 선하게 살아라' 하고 말한 것은 진짜로 신이 그렇게 말한 것이 아니라, 스피노자의 관점에서 보자면 인간이 자신의 권력을 유지하기 위해, 신을 자기편으로 세우기 위해 그렇게 조작한 것에 불과하다는 것입니다. 스피노자는 이렇게 말하지요.

"사물 그 자체, 자연 그 자체에는 선도 악도 존재하지 않는다."_《에티카》 4부 정의68 증명

선과 악의 새로운 정의

신의 이름으로 누군가를 정죄한다는 것은 결코 할 수 없는 일입니다. 그건 곧, 신이 자기를 정죄하는 거니까요. 그렇다면 신의 이름으로 누군가를 정죄한다는 것은 신의 의도와는 아무 관계가 없는, 인간이 남을 지배하기 위해서 신의 이름을 빌려 쓴 것에 불과한 사기입니다. 어떤 종교로 다른 종교를 비판한다는 것은 신의 속성과는 전혀 맞지 않는 것이지요. 신은 무한 긍정이에요. 어느 것도 부정하지 않습니다. 만약에 신이 자기를 부정하게 되면 신의 존재가 없어지기 때문에 이 세계는 무한 긍정의 세계지요.

그런데 왜 우리는 불행한 걸까요? 첫 번째는 우리가 거짓된 선과 악에 사로잡혀서 삶을 왜곡하기 때문이지요. 외부에서 주입된 선악의 개념으로 살기 때문에 불행한 거예요. 스피노자는 외부의 선과 악, 종교적인 선과 악의 개념을 지웁니다. 그리고 다른 차원의 선과 악을 이야기했습니다. 선과 악의 개념은 내 바깥에서 나에게 주어지는 것이 아니라 내 안에서 새롭게 정의를 내려야 하는 것이라고요. 내 기쁨의

능력이 증가하는 것이 선이고, 내 기쁨의 능력이 감소하는 것이 악이며, 내가 점점 기뻐할 수 있는 그 앎을 가지고 그렇게 살 수 있도록 내 몸을 만들어내는 것이 선이지요. 그런 점에서 선은 능력과 관련되어 있습니다.

쉽게 말하면 스피노자는 선과 악을 제도나 종교의 차원에서 개인 윤리의 차원으로 바꿔버렸습니다. 자신의 기쁨이 증가하는 방식으로 살라고 말하는 거예요. 그럼 나만 기쁘면 될까요? 잘 따져봅시다. 내가 삶을 기쁘게 살아가는데, 나 혼자 기쁘기 위해서 남을 슬프게 하면 내 기쁨이 오래갈까요? 일시적이겠지요? 전부 다 불행한데 나만 행복하면 이 주변의 불행한 기운에 내가 압도되지 않겠어요? 따라서 이성적인 사람은 결코 남을 슬프게 하지 않습니다. 남도 기쁘게 함으로써 자신의 기쁨이 훨씬 더 증가한다는 것을 알기 때문이죠. 이성적인 사람은 사랑도 보다 완전한 것을 향해서 사랑을 펼치지, 불완전한 것을 향해서 사랑을 펼치지 않지요. '마약'이라는 것도, 잠깐 사랑할 대상 치고는 괜찮죠? 그런데 마약을 사랑한 효과는 일시적일 뿐 결국에는 인간을 끝장 보게 만듭니다. 결국 마약에 대한 사랑은 인간을 파괴하는 것이죠. 사람에게는 마약이 아니라 사람을 사랑하는 것이 가장 기쁨을 증대시킬 수 있는 진정한 사랑입니다. 그래서 스피노자는 "인간은 인간에게 신이다."라고 말했습니다. 인간 공동체의 기쁨을 증대시키는 것은 인간의 능력을 확장하는 것뿐만 아니라 신의 완전성에 더욱 가까워지는 것이죠.

이제 과거에 존재하던 선과 악의 개념은 사라졌습니다. 과거 우리를 겁박하던 초월적 신, 저 멀리 있는 신, 기독교의 신은 사라졌습니다. 대신 스피노자의 신이 등장했습니다. 바로 우리가 신이고, 이 세상 만물 모두가 신의 모습입니다. 따라서 우리는 신의 일부로서 신을 느끼며, 신처럼 살아가는 존재라는 것이지요. 그것은 자기를 무한 긍정하게 하는 힘이고, 자기를 기쁨 속에서 살아가게 합니다. 멋지지 않나요? 하지만 스피노자가 살았던 당시에는 이러한 스피노자의 철학적 신관을 받아들일 수가 없었습니다. 그러니까 인격적인 신, 어떤 특정한 민족만을 좋아하는 신을 전제하는 유대인뿐만 아니라 대부분의 기독교인들은 스피노자의 신을 받아들일 수가 없었던 것이죠. 그것은 종교 권력을 유지할 수 있는 신관이 아니었기 때문입니다. 당대 사람들이 보기에 스피노자의 신관은 무신론에 가까운 것이었어요. 세상 만물이 신이라는 건, 신이 없다는 것과 똑같은 얘기거든요. 스피노자가 만들어놓은, 스피노자가 상상한, 스피노자가 기하학적으로 증명한 신은 오늘날 우리에게도 큰 영감을 줍니다. 쓸데없는 사이비 종교에 빠지지 않고 진정으로 사랑을 베풀어야 할 곳이 어디인지를 찾아내 그들을 신처럼 섬기고 우리들 또한 신처럼 살아가는, 좀 더 고귀하고 높은 이상을 우리에게 보여준 것입니다. 스피노자는 이렇게 말합니다. "서로 사랑하고 함께 진리를 추구하라." 그리고 다시 한번 강조합니다.

"인간은 인간에게 신이다."_《에티카》 4부 명제35 주석

우리 시대의 영성, 내 안에 신이 있다

이제 왜 아이슈타인이 스피노자의 신에 대해서 동의를 했는지 수긍이 가시나요? 만약에 아인슈타인이 노자를 알았더라면 아마도 노자의 신관에 대해서도 동의하지 않았을까요?

노자도 스피노자도 신을 초월적인 존재로 파악하지 않았습니다. 이 세상에 내재하면서 이 세상의 모습을 통해 파악할 수 있는 내재적 존재로 파악했지요. 외재(外在)의 반대로서의 내재(內在)가 아니라, 바깥이 없는 존재로서의 '내재(內在)'지요. 한편 노자와 스피노자는 신에게 인격성을 부여하지 않았습니다. 인격(人格)이라는 좁은 관점으로 파악하기에는 너무도 많은 격(格)이 있잖아요. 어느 한 속성에 머무는 존재가 아니라 무한 속성으로서의 신이 바로 그들이 파악한 신이지요. 한편 그들이 파악한 신은 인간을 억압하거나 부자유스럽게 만드는 존재가 아니라 자연스러운 삶으로 인도하고, 모든 생명을 끌어안으면서 진정한 자유를 누리는 존재입니다. 말로는 형용할 수 없으나, 살면서 직관적으로 느낄 수 있는, 자연 속에 살아 움직이는 신의 모습을 발견하기를 간절히 바랐지요.

이 두 개의 신관을 가지고 오늘날의 종교를 바라봅시다. 오늘날 종교의 그 어느 부분이 우리를 기쁘게 만드는지, 우리를 좀 더 능력 있게 만드는지, 우리를 좀 더 활력 있고 고귀하게 만드는지, 아니면 우리를 정반대로 죄인의 나락으로 떨어뜨려서 슬프게 만드는지 보자고요. 진정으로 신을 만나고 싶다면 교회에 가거나 절에 가야만 하는 것이 아닙니다. 물론 거기에 가서 만날 수도 있지요, 거기에도 있으니까요. 하지만 신은 그곳에만 있는 게 아니라 그 바깥에도 얼마든지 있는 것입니다. 그 바깥에 있는 신, 내 속에 있는 신, 당신 속에 있는 신, 그리고 불쌍한 사람, 가난한 사람, 고통받는 사람 속에 있는 신과 만나면서 신의 개념은 점점 확장될 겁니다. 우리가 알고 있는 신보다 훨씬 큰 신을 우리는 경험하며 살 수 있을 겁니다.

현대인에게 어쩌면 종교는 더 이상 필요 없는 것처럼 느껴집니다. 인간에게 공포심을 불러일으키고, 자신으로부터 외부를 차단하고, 끊임없이 적을 만들어내는 종교 현상을 볼 때마다 더욱 강력하게 이런 생각이 듭니다. 제도로서의 종교는 사라질지 모르지만, 좀 더 거룩해지고 좀 더 우주와 가까워지려는 인간의 심성은 지금도 강력하게 나타납니다. 그걸 영성이라고 표현하든 신성이라고 표현하든 그것은 인간이 갖추어야 할 가장 위대한 덕목 중의 하나가 아닐까요. 그러한 영성, 또는 신성이라 표현할 수 있는 그 무엇을 기원전 6세기에는 노자가, 1600년도에는 스피노자가 추구했던 것이겠지요. 그들의 관점이 매력적이지 않나요? 그런데 이렇게 살아가는 삶이 참으로 힘듭니다.

그래서 스피노자는 "모든 고귀한 것은 힘들 뿐만 아니라 드물다."라고 말했습니다. 당연하죠. 고귀해지는 것이 어디 쉽겠어요?

| 제4강 |

소유의 삶, 무소유의 삶
- 장자와 디오게네스에 관하여

지식은 모두 잊어버려도 됩니다. 결국 우리는 머리로 살아가는 게 아니라 몸으로 살아가는 거거든요.

어떤 이가 격랑이 이는데 뗏목을 타고 강을 건넜습니다. 일종의 지식이죠. 자기를 그 격랑에서 건너게 해준 지식이 얼마나 고마울까요. 그렇다고 다 건넌 마당에 그 뗏목이 고맙다고 이고 갈 수는 없잖아요. 그 격랑을 건넌 사람은 또 뚜벅뚜벅 자기의 길을 자기 발로 걸어야 되는 겁니다.

인문학의 최종 목표는 인문학을 버리는 겁니다. 지식을 버리는 것이지요. 아는 것을 자기 삶으로 증명해내는 겁니다. 딱 그만큼이 인문학입니다.

자유는 소극적으로는 어떤 것에도 구속이나 지배를 받지 않는 상태이고, 적극적으로 스스로 하고자 하는 것을 하는 상태를 말합니다. 한자의 의미를 되새겨보면, 스스로(自)가 원인이 되는(由) 상태라고 말할 수도 있습니다. 참 좋은 말이지요.

하지만 정작 자유롭냐는 질문을 던지면, 다들 고개를 절레절레합니다. 학생들은 부모나 학교 때문에 자유롭지 못하다고 말하고, 부모는 자식이나 직장 때문에 자유롭지 못하다고 말하고, 청년들은 직업 때문에 자유롭지 못하다고 말합니다. 그래서 자유롭기 위해서 무엇이 가장 필요하냐고 말했더니, 십중팔구 '돈'이라고 합니다. 돈만 있다면 무엇이든지 할 수 있지 않냐고 반문하면서요. 공부를 하는 것도, 대학이나 직장을 다니는 것도 다 돈 많이 벌어서 떵떵거리며 살고 싶기 때문이지요.

저는 이러한 자유를 '자본주의적 자유'라고 말하고 싶습니다. 자본주의 사회에 살고 있기에, 모든 가치를 경제적 가치로 환원하는 자본주의적 가치에 동의하기에, 자유의 핵심 조건은 '소유'가 되는 것이지요. 그래서 돈 많은 사람은 더 많은 자유를 누리고, 돈 없는 사람들은 자유롭지 않다는 것이 상식처럼 여겨집니다.

그러면 얼마나 소유하면 자유로울까요? 여기에는 한도가 없습니다. 많을수록 좋다는 말이지요. 욕망이 무한 증식됩니다. 하지만 무한한 욕망에 비해 현실은 비참하기 그지없습니다. 그러니 그 격차로 인해 행복은 점점 더 멀어지지요. 열심히 일하면 가능할까요? 노동이 우리를 자유롭게 할까요? '노동이 너희를 자유롭게 하리라(Arbeit Macht Frei)'는 아우슈비츠 수용소의 슬로건이기도 했습니다.

그와는 정반대로 자유와 게으름의 연관성을 외치던 사람도 있었습니다. 폴 라파르그는 《게으를 수 있는 권리》에서 이렇게 말합니다.

"원기 왕성한 힘을 실제로 보여주려면 프롤레타리아는 기독교 윤리, 경제 윤리와 자유사상가들의 윤리에 내포되어 있는 온갖 편견을 짓밟아 뭉개야 한다. 프롤레타리아들은 자연의 본능으로 돌아가야 한다. 프롤레타리아들은 매우 형이상학적인 법률가들이 꾸며낸 부르주아 혁명기의 인권 선언보다 천 배는 더 고귀하고 신성한 이 '게으를 수 있는 권리'를 선언해야만 한다. 하루에 세 시간만 일하고, 나머지 낮과 밤 시간은 한가로움과 축제를 위해 남겨두는 습관을 들여야 한다."

일반적인 상식과는 다른 자유의 지평이지요. 이번에 우리가 다루고자 하는 철학자들은 아마도 앞에서 다룬 철학자 중에서 가장 극빈자에 해당하는 사람들이 아닐까 합니다. 한 사람은 빈민이고 다른 한 사람은 거의 노숙자급에 해당되는 사람입니다. 두 인물이 활동했던 시기도 비슷하네요. 감이 오시나요? 동양의 장자와 서양의 디오게네스입니다. 이 두 명의 철학자를 비교함으로써 자유롭게 살아가는 게 뭔지, 위대한 개인이란 어떻게 형성되는 것인지, 한번 살펴보겠습니다.

약소국 송나라의 빈민 철학자, 장자

제가 제일 좋아하는 철학자이기도 한 장자(莊子, 기원전 370?~289?년)의 생애를 소개할까 합니다. 장자는 자서전을 남기지 않아 그 생애에 대해서 알려진 바가 거의 없습니다. 언제 태어났는지 언제 죽었는지도 정확한 연대를 알 수 없지요. 하지만 장자를 연구하는 사람들의 추정치를 따르면 기원전 370년경에 태어난 것으로 알려져 있습니다. 이 시기는 중국으로 말하자면 전국 시대(戰國時代)입니다. 이 시대는 약소국은 점점 패망하고 강대국끼리는 천하통일이라는 거대한 과업을 앞두고 있었으며, 천하통일을 위해 강대국끼리 서로 경합하던 시기입니다.

그러한 시기에 장자가 태어난 곳은 중국에서 가장 불행한 나라라고 볼 수 있는 곳이었습니다. 송(宋)나라지요. 고전을 읽다보면 송나라 사람들에 대한 폄하 혹은 무시 같은 것이 종종 발견됩니다. 예를 들면 《맹자》에는 '조장(助長)'과 관련된 고사가 하나 나옵니다. 어리석은 농부 이야기입니다. 이웃집 밭의 모는 길게 자랐는데, 자기 밭의 모가 짧아 보여서 하나씩 뽑아 길게 만들었다는 일화지요. '조장(助長)'이라고 하면 '잘 자라도록 도와줌'이라는 뜻이지만, 이 고사에서는 '억지로 뽑아 올려 결국 죽게 만들었다'는 어리석음을 비웃는 뜻으로 쓰입니다. 그때 그 모를 조장한 사람의 출신이 송나라예요.

송나라는 주(周)나라가 패망시킨 은(殷)나라의 유민들로 이루어진 나라입니다. 은나라의 후예들이라 그런지 주나라의 제후국과는 다른 풍속이 많았다고 하네요. 그래서 그랬는지 주나라 이후에 우스꽝스러운 고사들은 주로 송나라 사람들 몫입니다. 위에 예로 들었던 조장(助長)뿐만 아니라 《한비자》에 나오는 수주대토(守株待兎)의 고사도 송나라 사람의 어리석음이지요. 게다가 전국 시대 때 가장 먼저 망한 나라기도 하죠(기원전 286년). 가장 먼저 망한 나라니까 망국의 유민들이 얼마나 천덕꾸러기로 살았겠어요. 나라를 잃었으니 다른 나라에 잡혀가면 노예가 될 것이고, 노예가 되지는 않는다 하더라도 망한 나라 사람이 살려면 굽실거리며 살 수밖에 없는 그런 처지에 놓여 있었습니다. 물론 장자는 그렇게 망한 송나라에 산 것이 아니라 그 전에 살았지요. 장자가 살았던 당시에도 문화는 융성하지만 국력은 그리 세지 않았던 약소국이었기 때문에 주변의 여러 나라로부터 끊임없이 침략의 위협을 받았던 나라였습니다.

전국 시대는 말 그대로 전쟁하는 나라들의 시대죠. 전쟁을 하게 되면 누가 가장 피해를 볼까요? 오히려 전쟁을 하는 사람은 무기라도 있으니까 자기를 보살필 수 있는데 무기도 없이 살아가는 민중들이 가장 먼저 피해를 입겠지요. 전쟁이 나면 어디 하소연할 데도 없고, 강간을 당해도, 죽임을 당해도, 제명대로 못 사는 게 바로 민중의 삶이죠. 장자는 그렇게 제명대로 못 살면서 자기도 원하지 않았던 불행한 생애를 살아갈 수밖에 없는 사람들에 대한 애정을 가지고 있었던 철학자입니다. 춘추 전국 시대로 치자면 민중에 대한 애정이 가장 깊었던 사람이지요. 그래서 장자 책을 읽다 보면 상당히 여러 종류의 사람이 등장하는데, 그중에서도 장애인들이 굉장히 많이 등장합니다. 그래서 어떤 분은 《장자》라는 책을 '장애인의 경전'이라고 말하기도 합니다. 그 정도로 많이 등장하거든요.

장애인은 태어나면서부터 장애인일 수도 있지만, 살다보니까 장애를 입을 수도 있지요? 예를 들면 포로가 되어 전투를 못 치르도록 아킬레스건이나 다리가 잘린 사람도 있고요. 심지어는 잡혀가서 얼굴에 문신이 새겨진다든지 하는 이런저런 종류의 대접을 전혀 못 받는 천민들이 《장자》에는 거의 주인공급으로 나옵니다. 《장자》에 등장하는 사람들을 보면 장자의 애정이 어느 쪽을 향하고 있는지 알 수가 있습니다. 이러한 종류의 사람들이 주인공으로 나오는 책은 《장자》가 거의 유일합니다. 춘추 전국 시대를 통틀어 《장자》라는 책은 굉장히 고유한 위치를 차지하고 있다고 볼 수 있지요. 이 사람에 대한 기록 중 가장 자세한 기록은 사마천의 《사기》에 노자와 장자를 함께 언급하면서 살짝 다루고 있는 것이 전부입니다.

사마천의 《사기》에 따르면 장자를 송나라 몽(蒙) 땅의 칠원의 관리라고 말합니다. 몽(蒙) 땅은 송나라 중에서도 지방에 해당하고, 칠원의 관리라고 하면, 귀족들의 정원을 관리하는 사람이거나 또는 사냥터를 관리하는 사람이라고 하는 두 개의 설이 있어요. 장자는 지금 비유하면 아파트 경비원 같은 일을 한 셈입니다.

맹자와 동시대인, 달라도 너무 다른

장자가 살았던 시대가 양나라의 혜왕이나 제나라의 선왕이 있었던 시대라고 했는데, 양혜왕이나 제선왕하면 떠오르는 인물이 바로 맹자입니다. 맹자가 양혜왕과 제선왕을 만나지요. 그러니까 곧 장자와 맹자가 동시대인이라는 걸 알 수 있습니다. 맹자는 앞에서 배우셨다시피 파이터잖아요. 자기와 사상이 좀 안 맞으면 어마어마하게 싸움을 걸고 그들과 싸워서 이기는 것을 목표로 삼는 사람이지요. 유가(儒家) 중에선 가장 맹렬한 파이터인데요. 희한하게도 《맹자》에는 장자의 이름이 한 번도 등장하지 않습니다. 《장자》에도 맹자가 나오지 않지요. 동시대에 살았고 분명히 서로 의식을 했을 텐데, 서로 언급을 안 했다는 게 쉽게 이해가 가지 않습니다. 둘은 동시대인이지만 처한 입장은 좀 다릅니다. 맹자가 왕을 중심으로 한 왕도 정치를 꿈꿨던 사람이라면, 장자는 왕이라고는 거들떠보지도 않았던 사람이거든요. 한 명은 왕 편이 되어서 어쨌든 멋진 나라를 만들어보고 싶다는 사람이고, 한 사람은 왕 따위가 없는 나라를 꿈꿨던 사람이지요. 전혀 상반된 위치에 있는 사람인데 서로 아무 일이 없었다는 것도 흥미진진한 이야깃거리가 될 수 있을 것 같습니다. 어떻든 사마천은 장자를 이렇게 소개했습니다. "그는 매우 박학하여 통달하지 아니한 것이 없으며, 십만여 자나 되는 글을 지었고 《어부(漁父)》,《도척(盜跖)》,《거협(胠篋)》 등을 지어 공자의 무리를 비방하고 노자의 학설을 천명했다."

이건 역사가 사마천이 나중에 가서 정리한 내용이라 정확해 보이진 않습니다. 예를 들면 공자의 학설을 비판한 건 맞지만 《장자》라는 책을 유심히 살펴보면 두 종류의 공자가 나오지요. 하나는 공자를 비판하는 차원에서 비판의 대상으로서의 공자가 나오고, 또 다른 한 편으로는 친근한 대상으로서 공자가 등장합니다. 그런데 어느 공자가 역사적 공자에 가까운 공자인지는 사실 애매모호합니다. 무작정 공자를 비판했다고 보기에는 애매한 점이 있습니다. 이렇게 보면 어떨까요? 한 시대의 사상가는 자기의 사상에만 몰두해서 다른 사람을 외면하는 게 아니라, 자기의 사상도 굉장히 중요하지만 동시대의 다양한 사상들에 대해서 늘 관심을 가지고, 그들의 이야기에 주목하고 그들의 이야기를 자기의 글에도 인용하기도 하면서, 서로가 서로에게 영향을 미치는 상호 교섭의 과정이 있었다고요. 장자도 공자와 교섭의 관계가 있었던 것이 분명합니다.

절친 논리학자, 혜시

장자의 친구 중 가장 유명한 친구가 혜시(惠施, 기원전 370?~309?년)인데요. 혜시는 양혜왕 시절에 재상을 지냈던 사람이었습니다. 지금으로 치면 국무총리에 해당하는 사람이 아파트 경비원하고 친하게 지냈던 거예요. 이것도 엄청난 일이죠. 그런데 둘은 만나기만 하면 싸우는 친구 사이였습니다. 나중에 혜시가 먼저 죽게 되자, 장자가 많이 낙담합니다. 더 이상 재미난 이야기를 주고받을 수 있는 친구가 없다고 한탄하면서 말이지요.

혜시는 중국에서는 명가(名家)로 알려져 있어요. 명가는 논리학자를 말합니다. 서양철학에서 '제논의 역설'이라고 알려진 논법이 있습니다. 제논은 "아킬레스는 절대로 거북이를 이길 수 없다."라는 말로 유명한 사람이지요. 이 말과 관련된 일화를 소개합니다. 가장 느린 거북이가 가장 빠른 아킬레스와 경주합니다. 워낙 실력이 차이 나니 거북이를 먼저 달리게 합니다. 아킬레스는 굉장히 빨리 달리니까 금세 거북이가 이길 것 같죠? 하지만 그렇지 않아요. 아킬레스가 거북이가 처음 출발한 만큼 가면 어쨌든 거북이는 그보다 조금 더 갔을 거 아네요? 그렇게 간만큼 또 아킬레스가 쫓아가면 거북이가 쉬지 않는 한 조금 더 갔을 거고, 그럼 또 아킬레스가 거기까지 쫓아가면 또 거북이는 그것보다 조금 더 갔을 거고, 결국 그렇게 빨리 달리는 아킬레스가 거북이를 쫓아갈 수 없다는 논리를 폈던 사람이 제논이란 사람입니다. 동양의 명가 같은 사람입니다. 현실에선 말이 안 되지만 논리적으론 설득력이 있지요? 어쨌든 궤변 같은 논리를 통해서 우리가 살고 있는 세계를 다른 식으로 해석하고 바라볼 수 있다는 입장을 보여줬던 사람입니다.

예를 들어 혜시는 "호수가 산보다 높을 수 있다."라는 말을 했습니다. 호수가 산보다 높을 리가 없죠. 호수는 평지에 있는 거잖아요. 산은 하다못해 100미터는 넘잖아요? 모두가 말도 안 된다고 생각했지요. 그런데 백두산 천지(天池) 같은 호수도 있지요? 천지는 산꼭대기에 있는 호수잖아요. 그럼 그 호수보다는 낮은 산이 있겠지요. '호수는 산보다 낮아야만 해'라는 것이 상식에 해당하잖아요. 그렇게 상식에 위배되는 경우도 얼마든지 있을 수 있다는 생각들을 끊임없이 논리로 만들어낸 사람이 혜시라는 사람입니다. 그런 의미에서 춘추 전국 시대 때, 사상의 지평을 굉장히 넓혔던 사람이 혜시랑 막역한 친구이면서 그와 말싸움, 말장난으로 굉장히 멋진 철학을 펼쳤던 사람이 장자였어요.

장자의 현란한 수사학은 어쩌면 이렇게 멋진 친구랑 논쟁을 벌이면서 벼려진 것일 수도 있습니다. 논리학자를 논리적으로 이기려고 얼마나 노력했겠어요. 친구를 사귀다 보면 자기하고 똑같은 친구만 사귀는 것이 아니라 자기하고 정말 싸울 수 있는 친구, 심지어는 자기의 가장 무서운 적이 될 수 있는 친구를 사귀는 경우도 있습니다. 유유상종이라고, 끼리끼리 어울리며 "서로 통하니까 좋은 거야." 하는 것은 어렸을 때 사귀는 친구라면, 성인이 된 후에는 오히려 자기와 다른 사람을 사귀는 것이 바람직할지도 모릅니다. 그럼으로써 자기가 갖고 있지 못한 것에 대해 자극을 받고, 자기가 좀 더 클 수 있는 경지에 도달할 수 있지 않을까요? 니체도 그런 말을 합니다. 적이 될 수 없는 친구와는 친구 하지 말라고, 스승의 자리를 넘보지 못하는 제자를 제자로 삼지 말라고요. 고작해야 스승의 그림자를 밟지 말아야 한다는 둥 하며 스승의 뒤만 쫓아다니는 제자는 제자가 아닌 거죠. 스승이 쓴 면류관을 빼앗아서 자기가 쓸 줄 알아야 진정한 제자라고 합니다. 니체의《차라투스트라는 이렇게 말했다》에 나오는 말입니다.

그런 의미에서 정반대의 입장에 있었던 혜시와 장자의 관계도 장자를 얘기할 때 주목해볼 만한 대목입니다. 이런 에피소드도 있습니다. 어느 날 장자가 연못가에서 노닐고 있었습니다. 연못 속 물고기가 움직이기에, "저 물고기가 자유롭게 노는 걸 보니 물고기의 마음을 내가 알 것 같으이."라고 말합니다. 꽤 감성적이죠? 그 말을 들은 혜시는 "아, 그래?" 하고 답하면 될 것을 "자네는 물고기가 아닌데 물고기의 마음을 어떻게 아나?"라고 말합니다. 혜시가 이긴 것 같죠? 그런데 장자가 답을 합니다. "자네는, 자네가 내가 아닌데 내가 물고기의 마음을 아는지 모르는지 자네가 어찌 아나?" 하는 식으로요. 서로가 아주 박빙이죠. "내가 자네가 아니기 때문에 자네의 마음을 모르는 것처럼 자네는 물고기가 아니기 때문에 물고기의 마음을 모르는 게 분명한 게 아닌가?"라고 혜시가 또 공격합니다. 그러자 "이야기를 잘 들어보게. 나는 보자마자 물고기의 마음을 알았네. 자네는 아무 마음도 모르지."라고 장자가 말합니다. 사실 논리로 따지고 보면 혜시가 이긴 것 같지요. 어떠신가요?

이렇게 생각해보는 건 어떨까요? 이 세상의 다른 것에 대한 어떤 소통의 가능성을 혜시는 완전히 차단하고 있습니다. 장자는 그 가능성을 열어놓고 이야기를 하지요. 전혀 다른 사람을 만났는데 어떻게 그 사람과 소통하며 살겠어요? 부부를 생각해보세요. 자기와 살을 맞대고 몇 십 년 동안 사는 아내나 남편을 한번 생각해봅시다.

부부는 원초적으로 전혀 다른 존재이지만 서로 다른 존재끼리도 서로 소통할 수 있는 가능성을 열어놓을 수 있습니다. 그 가능성을 혜시가 닫아놨다면 장자는 열어놓은 사람이라고 해석할 수 있습니다.

서로 치고 박고 싸워도 라운드가 다 끝난 다음엔 "한잔하러 가자." 하면서 자연스럽게 어깨동무하고 갈 수 있었던 친구가 혜시라는 친구였지요. 혜시는 장자를 자기 나라에 식객으로 초대하기도 해, 그 덕에 시골에만 처박혀 있던 장자가 중앙정치의 정보를 많이 얻게 됩니다. 혜시 덕분에 장자가 도시로 오면서 도시의 여러 가지 상황과 정보를 많이 취득하게 되어, 자기의 생각을 좀 더 벼릴 수 있게 된 것이지요.

재상 초대를 거절한 장자

장자는 원래 시골에 살았지만, 권력 가까이 갈 수 있는 가능성이 매우 높았습니다. 그만큼 실력이 있었던 사람이지요. 춘추 전국 시대에는 혈통을 중시하는 귀족보다 실력을 중시하는 선비에 주목해야 합니다. '귀족인 듯 귀족 아닌 귀족 같은 너'가 바로 선비입니다. 귀족의 자식이지만 귀족의 지위를 물려받지 못하는 이들이지요. 대신에 귀족의 자식으로 성장했기 때문에 귀족을 가장 잘 알고 있어서 이들은 귀족을 보호하는 무사(武士)가 되거나 문사(文士)가 됩니다. 요즘 말로 바꾸면 육사를 가거나 법대를 가는 거죠. 만약에 자기가 태어난 나라에서 발탁이 안 되면 언제든지 자기 나라를 떠나서 다른 나라로 자유롭게 이동할 수 있었던 가장 자유로운 계급이 선비(士) 계급이었습니다. 요즘과 달리 춘추 전국 시대에는 실력만 있으면 어느 나라든 갈 수 있었어요. 공자가 노나라에서 쫓겨나서 주유천하를 할 수 있었던 이유이기도 하고요. 맹자가 여러 나라를 뱅뱅 돌아다닐 수 있었던 이유도 바로 추나라라는 조그만 자기 나라에서 날개를 펴기보다는 좀 더 큰 나라에서 날개를 펴고 싶기 때문이었습니다. 그런데 이 사람들은 재산도 없고 지위도 없지요. 그럼 뭐가 있어야 할까요? 바로 실력입니다. 춘추 전국 시대 이전에는 실력이 아무리 뛰어나도 신분이 미천하면 절대 높은 지위에 올라갈 수 없었습니다. 그러나 춘추 전국 시대는 실력이 있으면 높은 지위에 올라갈 수 있는 가능성이 열려 있었고, 그것이 중국 어느 나라에서나 가능했던 시대였습니다. 때문에 장자는 송나라가 아니라 할지라도 어느 나라에 가서든지 자기의 실력을 발휘할 수 있었던 사람이 분명합니다.

그런데 장자는 재상의 초청을 받고서도 가지 않습니다. 권력을 좋아하지 않았기 때문입니다. 장자는 충분히 권력에 오를 수 있었음에도 불구하고 결코 권력에 가까이 가지 않고, 오히려 권력 없이 살아갈 수 있는 방법론, 삶의 태도를 꿈꿨습니다.

전국 시대는 제국의 형성기입니다. 전국 시대 후기로 가면 갈수록 약한 나라들은 대부분 멸망하고, 강한 나라들끼리 경합을 벌여 결국 진(秦)나라가 통일을 이루어 제국의 시대를 열게 되지요. 그에 맞춰 전국 시대 거의 모든 지식인들이 절대 권력을 추구하며 위로 향한 길을 걸어가죠. 그것이 시대의 흐름이기도 했고요. 하지만 장자는 그 반대 방향인 아래로 향하는 길을 선택합니다. 그래서 장자 철학에 나오는 주인공들은 하나 같이 신분이 낮고 천한 사람들이죠. 이 점은 노자와도 다릅니다.

역사적으로는 노장 철학이라고 해서 노자와 장자를 하나로 묶지만 노자는 엄밀히 말하면 아직까지는 권력층을 염두에 두고서 철학을 했던 사람입니다. 노자의 도덕경을 읽어보면 항상 왕이라든지 지도자가 등장하잖아요. 그 왕이나 지도자가 행동의 주체가 됩니다. '왕이나 정치가는 이런 식으로 정치를 하라'는 지도자의 철학을 펼쳤던 사람이 노자입니다. 노자의 무위(無爲)라는 개념도 통치자의 통치 원리에 해당한다면, 장자의 무위는 민중의 생활 철학 또는 생활 태도라고 보면 됩니다. 적용 대상과 범위가 확실히 다르지요. 노자와 장자는 노장철학으로 묶여 있지만 다르다고 생각합니다. 노자가 제국의 이념에 해당한다면, 장자는 제국에 맞서는 약소국의 이념에 해당합니다. 하늘과 땅 차이죠.

제국의 시대, 거지 철학자 디오게네스

동양에서 춘추 전국 시대를 지나 제국의 시대로 진입했듯이, 서양에도 그런 시기가 있습니다. 서양의 춘추 전국 시대는, 지중해 연안의 도시국가 시대입니다. 전국 시대에 일곱 개의 강대국이 경합을 벌였다면, 지중해 연안에서는 아테네와 스파르타가 중심이 되어 델로스 동맹이나 펠레폰네소스 동맹 등을 결성하여 서로 경합했던 시대지요. 아테네와 스파르타는 페르시아 제국이 쳐들어왔을 때에는 서로 동맹을 맺고 페르시아 제국과 맞서지만, 페르시아 제국이 물러가자 지중해의 주도권을 누가 차지할 것인가를 놓고 다투게 됩니다. 마지막에 승리의 깃발을 꽂은 것은 마케도니아 왕국이었습니다. 우리에게 알렉산더 대왕으로 알려진 알렉산드로스가 다스리는 마케도니아 왕국은 페르시아 제국을 정복하고(기원전 330년) 지중해 전체를 지배하는 거대한 제국을 형성합니다.

　진나라가 중국 전체를 통일하는 것처럼 마케도니아 왕국은 거의 유럽 전체를 통일하고 제국을 형성합니다. 이후 알렉산드로스 시대에서부터 로마 제국에게 패권이 넘어가는 시기까지를 헬레니즘 시기(기원전 323~서기 146년)라고 합니다. 서양철학을 보면 헬레니즘 시대를 대표하는 두 종류의 철학을 이야기합니다. 스토아 철학과 에피쿠로스 철학이지요. 스토아 철학과 에피쿠로스 철학의 선구자에 해당하는 사람이 바로 디오게네스(Diogenes, 기원전 412~323년)입니다. 장자보다 먼저 태어났지요. 디오게네스가 살았던 시기는 장자와 겹칩니다. 디오게네스가 먼저 태어났지만, 동시대에 동양에선 장자가 태어난 것이죠.

　디오게네스는 소크라테스 제자의 제자입니다. 우리는 소크라테스의 제자하면 누가 떠오르죠? 플라톤이 떠오르죠. 그리고 플라톤의 제자 하면 아리스토텔레스가 떠오르고요. 그런데 이 라인만 있는 게 아닙니다. 학문이라고 하는 게 패자의 학문이어서 강력한 영향력을 행사하는 사람들을 역사의 전면에 등장하게 하고 나머지 사람들은 있는 듯 없는 듯하는데, 플라톤과는 다른 라인도 있습니다. 안티스테네스 라인이죠. 안티스테네스(Antistenes, 기원전 445~365년)라는 이름은 처음 들으시죠? 안티스테네스는 소크라테스의 열렬한 문하생으로, 소크라테스의 윤리적 삶을 계승하여 금욕주의적 삶을 강조했던 철학자입니다. 디오게네스가 바로 그 안티스테네스의 제자지요.

이 두 개의 라인은 동양철학으로 치면 주자학과 양명학처럼 완전히 다른 길을 걷습니다. 플라톤과 아리스토텔레스 라인은 어쨌든 권력의 길을 걷습니다. 이 라인은 끊임없이 온갖 권력에 어울리는 철학을 만들어냅니다. 그래서 플라톤은 자기의 가장 멋진 나라를 만들고자 실험을 하기도 하고, 심지어 디오니시오스라고 하는 참주와 만나서 그를 교육하려 하다가 번번이 실패하여 좌절합니다. 노예로 팔리기까지 했지요. 하지만 플라톤은 늙어 죽을 때까지 자기가 꿈꾸는 나라, 철인의 나라를 만들고픈 꿈을 버리지 않았습니다. 한편 가장 많은 범위의 지식을 다룬 인물은 플라톤이 아니라 알렉산더의 어린 시절 스승이자 그리스 철학의 집대성자인 아리스토텔레스였습니다.

한편 안티스테네스와 디오게네스 라인은 권력의 길이 아니라 해방, 또는 자유의 길을 걷습니다. 주류가 권력을 위해서 끊임없이 자기의 철학을 조율했다면, 비주류는 자유를 위해서 끊임없이 자기 철학을 연마했지요. 이 비주류를 철학적으로 견유학파라고 합니다. 안티스테네스가 견유학파의 원조이고요, 디오게네스는 그의 계승자이자 완성자에 해당하지요.

극빈의 삶, 개 같은 인생

소크라테스는 어떠한 삶을 살았는지 아시나요? 돈을 많이 벌었을까요? 그렇지 않습니다. 소크라테스는 그야말로 철학을 하는 데 필요한 것 외에는 어떤 것도 취하지 않았습니다. 그런 소크라테스의 삶을 본받으려 했던 게 바로 안티스테네스이고, 안티스테네스를 계승하면서 자기의 철학을 구축했던 사람이 바로 디오게네스입니다. 소크라테스가 청빈(淸貧)하게 살았다면, 디오게네스는 청빈 정도가 아니라 극빈(極貧)한 삶을 살았습니다. 소크라테스는 그나마 집이 있고 처자가 있었거든요. 디오게네스는 그런 것도 없었습니다. 하지만 의식주 문제를 깔끔하게 해결하지요. 먼저 제일 돈이 많이 드는 게 주(住)겠지요? 그런데 디오게네스는 돈을 하나도 들이지 않고 이 문제를 해결합니다. 비결은 술통입니다. 너무 오래되어 더 이상 술을 담글 수 없는 술통을 하나 구합니다. 낡아서 틈이 많이 벌어져 더 이상 재생이 불가능한 술통은 대부분 개집으로 썼습니다. 디오게네스는 그런 술통 하나를 빌려 거기에서 거주했습니다. 그러니까 집 문제가 깔끔하게 해결된 거죠. 그러다가 햇빛이 안 들어 추우면 햇빛이 드는 쪽으로 밀고 가면 되니, 일종의 이동식 거주지죠. 만약에 집이 부서지면 또 얻으면 되죠? 디오게네스는 이 개집용 술통을 자기의 집으로 삼았던 사람입니다. 대단하지요.

이번에는 의(衣), 옷 문제를 어떻게 해결했을까요? 간단해요. 옷을 거의 안 입었습니다. 비가 오면 옷을 빨고 안 오면 그냥 입고, 거의 개처럼 살았습니다. 그래서 견유학파라고 부릅니다. 견유(犬儒)라고 부를 때 견(犬) 자가 개 견 자예요. 영어로는 시니시즘(cynicism)이라고도 하고 더 쉽게 도기즘(dogism)이란 말도 씁니다. 이게 바로 견유학파죠. '개-주의(主義)', 개 같은 삶을 살았습니다.

마지막으로 식(食), 먹는 문제는 어떻게 해결했을까요? 농사짓는 사람들은 자급자족을 하지요. 근데 이 디오게네스는 자급자족의 방식이 아니라 걸식(乞食)으로 살았습니다. 구걸하는 거지가 된 것입니다. 거지는 거지인데 우아한 거지였지요. 자존심이 아주 높고 절대 굽실거리지 않았습니다. 굉장히 힘든 경지에 오른 것이죠. 주로 도시에서 생활하며 걸식을 했는데, 그런 점에서 부처와 아주 유사합니다. 도시 걸인파가 둘이 있어요. 싯다르타 부처와 디오게네스, 이분들이 도시 걸인파고요. 예수는 시골 걸인파라고 할 수 있죠. 아마 시골이 인심이 더 좋으니 예수가 더 잘 먹지 않았을까요?

디오게네스는 도시 걸인파로서 최소한의 장비를 가지고 있었지요. 스프를 먹을 수 있는 그릇과 물 잔이지요. 그런데 어느 날, 어린아이가 흐르는 물을 손으로 받아먹는 것을 보고 충격을 받습니다. 손으로 받아먹으면 되는데 물 잔이 굳이 필요할까 싶었던 거죠. 그 자리에서 물 잔을 버립니다. 필요 없는 도구라는 걸 깨닫고요. 그리고 어떤 젊은이가 빵을 움푹하게 만들더니 빵에다가 스프를 받아먹는 걸 본 후로는 그릇도 버립니다. 이처럼 자기가 동냥하는 데 필요하다고 생각한 최소의 물품마저도 버리면서 삶을 살았던 사람이 바로 디오게네스입니다.

그럼 이렇게 삶을 산 사람이 글을 쓰겠다는 생각을 했을까요, 안 했을까요? 안 했을 것 같죠? 정말 이 사람은 글을 한 줄도 안 썼습니다.

물론 다른 문서상으론 여러 개의 글을 썼다고 하지만 전해지는 게 아무 것도 없어요. 디오게네스가 워낙 기행을 많이 저질렀기에 후대 그리스 철학자가 디오게네스에 관한 에피소드를 소개하는 식으로, 전부 남의 기록에 의해서만 전해지는 사람이 바로 디오게네스입니다.

아무것도 바라지 않는 삶

디오게네스 또한 장자처럼 권력과는 전혀 반대되는 삶을 살았습니다. 디오게네스가 추구하는 삶의 모델은 자연 그 자체였습니다. 자연이 뭔가를 말하나요? 나무가 서 있으면서 "아우 추워, 옷 좀 입혀줘." 하나요? 하지 않지요. 자연도 그렇다면 신(神)을 한번 생각해봅시다. 신이라고 한다면 가장 위대한 자요, 가장 완전한 자지요. 완전한 자는 불완전하지 않으므로 결핍이 없습니다. 결핍이 없으므로 아무 것도 원하지 않고요. 어디서 많이 본 것 같지 않나요? 앞에서 스피노자 이야기를 할 때 이야기했었지요. 신은 완전하기 때문에 아무것도 결핍되어 있지 않다. 결핍되어 있지 않다면 아무것도 바라지 않는다. 그렇다면 끊임없이 무언가를 바란다는 것은 무언가가 엄청나게 결핍되어 있다는 것이므로, 그것은 신으로부터 가장 멀리 떨어져 있다는 것이죠. 어마어마하게 많은 걸 소유하려고 하는 자는 어마어마하게 많은 결핍감을 가지고 있는 자예요. 그렇다면 많은 것을 원하는 이는 완전으로부터 더 멀리 떨어져 있는 것이죠. 완전에 이르기에 너무나 부족한 사람입니다. 진짜 신에 가까운 사람은 아무것도 바라는 게 없습니다. 디오게네스의 최종 목표는 삶을 살면서 아무 것도 바라지 않는 삶에까지 도달하는 것이었습니다. 동물이 태어나 자기 삶을 살다가 수명대로 자연스럽게 죽는 것을 아쉬워하지 않는 것처럼, 인간들 또한 자연의 일부로 태어나 자연의 일부로 살면서 부족하면 부족한 대로 있으면 있는 대로 살다가 제 명이 다 하면 죽는 삶이 가장 자연과 어울리고 신에게 적합한 삶이라고 말한 사람이 디오게네스입니다.

　우리가 살고 있는 시대가 그리 녹록하지 않지요. 열심히 살고 있는데 살림이 나아지지도 않고, 열심히 살고 싶은데 직장 구하기도 힘들고. 뭔가 문제가 있는 것 같기는 한데, 그것이 내 문제인지, 이 사회의 문제인지도 애매하고요. 참 많이 헛갈리죠. 그럴 때일수록 눈앞의 사소한 문제에 함몰하는 것이 아니라 자기 인생 전체를 한번 총괄해 보는 시간을 갖는 것도 의미가 있습니다. 우리는 한 번 태어나 한 번 죽는 인생인 거잖아요. 태어나 쭉 살다가 결국은 죽는 게 인생이죠. 비록 아무 것도 없이 태어났지만 죽는 순간에는 정점에 도달하는 삶. 이것이야말로 가장 아름다운 삶이 아닐까요. 죽음이 인생의 완성인 사람은 그리 많지 않을 겁니다. 대부분의 사람은 죽음을 인생의 몰락으로 생각하지요. 얼마나 불행한 삶인가요. 결국 우리는 몰락하는 삶이 아니라 완성하는 삶을 살기 위해 어떻게 해야 할지를 모색해야하지 않을까요?

인생을 다시 기획하기

가령 어떤 사람의 인생 이력서를 써본다고 합시다. '나는 스무 살 때 ○○ 회사에 취직해서 월급 200만 원으로 시작해, 죽 승진해서 쉰 살 때 700만 원까지 받고 쉰다섯 살에 퇴직하여 치킨 집을 운영하다 망하고, 남은 돈은 주식에 투자해서 망하고, 집 팔고 전세로 갔다가 양로원 가서 죽었다'. 어떤가요? 만약 인생의 곡선이 이렇다면, 인생의 정점은 돈을 가장 많이 벌 때겠지요. 25세 때 자동차를 샀다, 35세 때 밍크코트를 샀다… 이런 걸 인생이력서에 쓸 건가요? 내가 무엇을 얼마만큼 소유하고 얼마만큼 소비했다는 것은 인생 이력서에 기록하기에도 너무 사소한 일입니다. 인생을 놓고 보자면 뭘 살 수도 있고, 안 살 수도 있죠. 근데 자기가 어떻게 성장해서 어떻게 최종적인 목표까지 도달했는가를 염두에 둔다면, 자기의 소유나 소비는 사실 아무런 영향력을 행사하지 못하는 하잘 것 없는 것일 수도 있습니다.

공자의 이력서를 보면 내가 무슨 직업을 가졌고 내가 무슨 책을 썼다는 이력은 전혀 등장하지 않습니다. 공자의 이력서는 아주 심플해요. '서른이 되어서는 자립했고, 마흔이 되어서는 혹하지 않았고, 쉰이 되어서는 천명을 알았고, 예순에는 귀가 순해졌고, 일흔이 되어서는 내가 원하는 대로 삶을 살아도 전혀 문제가 없었다'. 어찌 보면 이게 바로 인생의 완성 아닐까요? 원하는 대로 살아도 아무 문제가 없는 삶, 그게 바로 성인의 경지라고 할 수 있겠지요. 그게 《논어》에 나오는 공자의 이력서입니다. 공자는 성인되기를 목표로 살아왔다고 한다면, 디오게네스는 신이 되기를, 신과 같은 경지에 도달하기를 목표로 삼고 살았습니다. 장자는 지극한 인간(至人), 참다운 인간(眞人)이 되길 바랐습니다. 이렇게 마지막까지 자기 삶의 목표를 놓치지 않고, 자기가 가난하건 부유하건, 직업이 있건 없건 결혼했건 홀로됐건, 자식이 다 떠났건 말건 관계없이, 자기 인생의 상승 곡선을 그릴 수 있는 자기의 스케줄을 가지고 자기의 삶을 살아가는 것, 맨 마지막에 죽을 때 "나는 자유다, 나는 아무것도 원하지 않는다!" 하고 외칠 수 있는 것. 이렇게 자기 삶을 멋지게 마감할 수 있는 사람이 제일 멋지고 성공한 사람 아닐까요.

지금이 아무리 힘든 시기라 하더라도, 그 힘든 시기에 살아가는 사람들의 목표는 다를 수 있습니다. 잘나가는 시기에도 개 같은 사람이 있는가 하면 정말 힘든 시기에도 멋진 삶을 살아가는 사람도 있거든요. 굉장히 부유하지만 동물만도 못한 인생을 살아가며 갑질 하는 인간도 있는가 하면, 아무것도 가지고 있지 않지만 정말 고귀한 삶을 살아가는 사람들도 있는 거죠. 어떤 삶을 원하시나요? 이러한 질문에 답하고 삶을 기획할 때 우리는 상승하는 삶을 살 수 있습니다.

그러면 멋진 상승을 좌절시키는 것이 무엇인지 한번 살펴봅시다. 우리가 살고 있는 사회는 자본주의 사회입니다. 자본주의 사회는 자본의 룰대로 움직이는 사회이죠. 그럼 자본의 룰이 뭘까요? 이윤 추구입니다. 이윤의 추구는 어떻게 가능하죠? 상품을 생산하고, 유통하고 소비하는 과정에서 이루어지죠. 최종적으로는 소비가 이윤 추구의 핵심입니다. 아무리 많은 상품, 아무리 멋진 상품이 만들어져도 최종적으로 소비되지 않으면 이윤을 추구할 수 없지요. 그래서 자본주의 사회는 끊임없이 소비의 욕망을 자극하여 상품을 구입하는 소비자를 창조해야 합니다. 그러니까 매스컴 등 온갖 매체를 동원해서 소비심리를 자극하는 거죠. 꼭 필요한 물건도 아닌데 사야만 할 것 같고, 안 사면 시대에 뒤떨어지는 것 같고, 1+1을 한다니까 손이 먼저 가고요. 길을 걸어 다녀보세요. 거리가 수많은 광고로 가득 차 있지요. 그 광고들이 모두 '소비가 천국'이라고 부추기고 있는 거죠.

그럼 소비는 저절로 되나요? 아니에요. 자본주의 사회에서 소비가 이루어지려면 돈이 필요합니다. 최대한의 소비를 위해서는 최대한의 돈이 필요하지요. 그런데 돈 벌기가 쉽나요? 어렵죠. 일을 해야 합니다. 이 자본주의 사회의 순환 고리에 한번 빠져들면 헤어 나올 길이 없습니다. 모든 게 다 돈으로 보여요.

결국은 자본주의 사회에서 성공의 척도는 소비할 수 있는 능력과 그 능력을 발휘할 수 있는 돈입니다. 돈 버는 게 쉬운 일이 아니잖아요. 사람들은 자신의 삶이 실패한 원인을 돈에서 찾습니다. 돈이 없어서, 잘 못 산 것이고 실패했다고 생각합니다. 자본주의 사회에서 성공한 삶을 살 수 있는 사람들이 얼마나 될까요? 아마 10퍼센트도 안 될 겁니다. 과연 돈과 소비를 추구하는 것이 바람직한 사회이고, 삶일까요? 만약에 우리가 소비가 아니라 소비 대신 다른 삶을 추구할 수 있는 능력이 있다면 자본주의 시스템은 잘 작동되지 않을 겁니다. 하지만 소비하지 않고 살아갈 수 있을까요? 자급자족을 늘려 직접 생산하거나 소비에 대한 태도를 바꾸기만 해도 도움이 될 겁니다. 이렇게 우리가 소비중심적인 태도를 극복하고, 새로운 미래를 다시 기획할 수 있는 기회를 얻을 수 있다고 생각합니다.

소비의 고리는 어떻게 끊을 수 있을까요? 먼저 우리가 상상하는 소비의 욕망 중에서 그것이 욕망해야만 하는 욕망인지, 아니면 남에게 보여주고 싶어서 또는 남과 비교되니까 만들어진 욕망인지를 구분해서 자기 삶에 꼭 필요한 욕망을 살리고, 쓸데없는 욕망을 죽이는 것이 필요합니다. 그래서 자신의 욕망을 삶의 완성에 사용하는 사람, 이 사람이야말로 진정한 성인이고 성공한 사람이고 21세기에 우리가 꿈꿀 수 있는 새로운 슈퍼맨이 아닐까요.

미래로 돌아가는 인문학

그러기 위해서 그 고리를 끊었던 사람, 그 고리를 다르게 해석했던 사람, 그 고리를 다양한 차원에서 다양한 시도로 새롭게 모색했던 사람들을 잘 주목해야 합니다. 이것이 바로 오래된 미래죠. 과거에 삶을 살았던 사람이지만 과거의 그 삶이 우리 미래 삶의 모델이 될 수 있다면, 그것은 오래된 과거가 아니라 오래된 미래가 되는 거고 과거로 돌아가는 게 아니라 미래로 돌아가는 것이며, 그게 인문학입니다.

인문학은 교양만 쌓기 위해 배우는 게 아닙니다. '내가 너보다 이런 거 많이 안다, 너 공자 읽어봤어? 너 허행 알아? 몰라? 선생님 강의 좀 들어라?' 아니에요. 몰라도 됩니다. 모든 사람의 이름을 다 잊어도 됩니다. 공자, 예수, 부처… 우리가 인류를 통해 알게 된 사람의 이름이나 그 사람을 통해 알게 된 지식은 모두 잊어버려도 됩니다. 결국 우리는 머리로 살아가는 게 아니라 몸으로 살아가는 거거든요. 몸으로 살아가고 실천하는 경지에 도달하기만 한다면 기꺼이 자기의 지식을 버리고 살아갈 수 있습니다.

불가(佛家)에서는 이런 것을 '뗏목 버리기'라고 합니다. 어떤 이가 격랑이 이는데 뗏목을 타고 강을 건넜습니다. 일종의 지식이죠. 자기를 그 격랑에서 건너게 해준 지식이 얼마나 고마울까요. 그렇다고 다 건넌 마당에 그 뗏목이 고맙다고 이고 갈 수는 없잖아요. 그 뗏목은 또 그 격랑을 건너는 다른 사람에게 건네줄 수 있죠. 그게 오히려 좋죠. 그 격랑을 건넌 사람은 또 뚜벅뚜벅 자기의 길을 자기 발로 걸어야 되는 겁니다. 뗏목을 이고 걷는 짓은 하면 안 되지요. 인문학의 최종 목표는 인문학을 버리는 겁니다. 지식을 버리는 것이지요. 아는 것을 자기 삶으로 증명해내는 겁니다. 딱 그만큼이 인문학입니다.

아름다운 무화과 그림이 눈앞에 있습니다. 아름답지만 먹을 수는 없지요. 우리가 하는 인문학은 글로 되어 있어요. 글이 아무리 아름답다고 하더라도 그 글로는 살 수가 없어요. 사는 건, 몸으로 사는 겁니다. 제가 하는 강의도 말과 글로 이루어져 있지만, 말과 글로 이루어져 있는 이 강의가 몸으로 체화가 되서 깨달은 만큼, 살고 싶은 만큼 살아갈 수 있다면, 모든 지식은 없어져도 됩니다. 사실은 그게 지식의 최종 목적지입니다. 당당하게 삶을 살아가는 모습을 보기 위해서 우리는 지금 장자와 디오게네스 두 사람을 비교해 보려고 합니다.

장자와 디오게네스의 공통점 1. 반권력적 인물

이 두 사람은 공통점이 상당히 많습니다. 첫째, 이 두 사람에게 권력 따위는 아무 것도 아니었습니다.

장자의 사례를 볼까요? 초나라의 재상으로 초대를 받았던 것을 거절했던 대목입니다. 장자의 이야기를 듣고, 초나라의 사신들이 장자를 찾아왔습니다. 전국 시대 때, 제나라 초나라 진나라 이 삼국이 제일 강한 나라였거든요. 남반부에서 가장 강한 초나라 왕은 아주 담백해서 실력만 있으면 이것저것 따지지 않고 받아들이는 호방한 사람이기도 했지요. 그런 초나라에서 장자를 재상으로 초빙하러 왔을 때, 장자가 어떻게 대응했는지 봅시다. 《장자》 추수 편에 나오는 대목입니다.

"내가 듣자 하니 초나라에는 죽은 지 삼천 년이나 된 신령한 거북이가 있는데, 왕께서는 그것을 비단으로 짜서 상자에 넣고 사당 위에 잘 모셔두었다 하더군요. 이 거북이 죽어서 뼈를 남겨 귀히 여겨지기를 바랐을까요. 살아서 진흙에 꼬리를 끌고 다니고 싶었을까요?"

답은? 살아서 진흙에 꼬리를 끌고 생생하게 살고 싶었겠죠. 어떤 거북이 자기가 신성시 되고 자기 몸이 불태워지는 거북점에나 쓰이길 바랐겠어요? 옛날에는 거북이 등껍질을 불에 태워 등껍질이 갈라지는 모양을 보고 길흉을 점쳐서 전쟁을 해야 할지 말아야 할지를 결정하는 거북점을 쳤습니다. 그 거북점을 위해 수많은 살아있는 거북이 죽었습니다. 거북이들이 그렇게 되기를 원했을까요? 어떻게든 잡히지 않고 살아서 알도 낳고 사랑하며 살다가 죽을 때가 되어서 죽고 싶었겠죠? 장자 역시 '나도 그렇다'고 말합니다. 언제 죽을지도 모르는 무서운 자리, 그 권력에 가까이 가는 건 얼마나 위험한지 아시죠? 왕이 된다고 하는 것은 항상 머리끝에 말총으로 칼을 하나 매달아 놓고 지내는 것과 같습니다. 권력을 행사할 때는 무소불위인 것 같지만 권력을 한번 빼앗기면 그 누구보다 처참하게 죽게 되지요. 그게 권력의 속성임을 장자는 알고 있었습니다.

권력을 갖는 것은 삶을 유지하는 데 필요한 조건이 아니라 삶을 더욱 위태롭게 하는 위험 요소라고 해석한 겁니다. 그래서 권력과는 가까이 하지 않겠다고 말한 것이지요.

다음은 디오게네스의 일화인데 아마 들어본 적이 있을 겁니다. 이게 사실인지 아닌지도 알 수가 없지요. 어느 날 알렉산더 대왕이 괴짜 철학자가 있다는 이야기를 듣고 디오게네스를 만나러 갔습니다. 왕이 간다고 하니 주변에 친위대가 먼저 쫙 깔렸겠지요. 보통은 누가 왔는지 감이 잡히잖아요? 웬만한 사람 같으면 술통 속에 있다가도 살아 있다면 바깥으로 나오기는 했어야 될 거 아녜요? 근데 디오게네스는 술통 속에서 나오지 않고 그대로 있었습니다. 기가 꺾이지 않은 거지요. 그래서 알렉산드로스가 자기를 소개합니다.

"나는 마케도니아의 알렉산드로스다. 너는 누구냐?"

누군지 몰라서 물었을까요? 아니지요. '너는 누구냐'고 정체를 묻는 것은 너는 어떤 놈이기에 내가 등장했는데도 인사를 하지 않고 이따위로 구느냐는 협박의 언어입니다. "넌 누구냐!" 이건 관등성명 대라는 것보다 더 무서운 거죠. 그때 디오게네스가 여전히 밖으로 나오지도 않고 내다보면서 "나는 개올시다."라고 대답했습니다. 이건 완전히 상대방을 무시하는 거죠. 그러자 알렉산드로스가 다시 물었다고 합니다. 알렉산드로스가 이렇게 참을성이 있었는지 몰랐습니다.

"내가 알렉산드로스라고 나를 소개했는데, 너는 내가 무섭지도 않느냐?"

화가 좀 나긴 났었나 봅니다. 그러자 디오게네스가 "당신은 좋은 왕이냐, 나쁜 왕이냐?" 하고 물어봅니다. "나는 좋은 왕이다."라는 답이 들리자 디오게네스는 "왜 내가 좋은 왕을 무서워해야 하느냐?" 하고 답합니다. 말인즉슨 그렇죠. 알렉산드로스는 이미 디오게네스에게 여러 번 패한 것입니다. 지위나 무력으로는 안 되니, 권력이 가지고 있는 세 번째 카드를 사용합니다. 재물 카드죠. 재물은 권력이 행사할 수 있는 몇 개 안 되는 카드 중 하나인데 어마어마한 힘이 있습니다.

"원하는 것이 있다면 무엇이든지 들어주겠다. 네가 원하는 게 뭐냐?"

거의 백지수표를 내민 겁니다. 만약 우리에게 누군가가 그런 제안을 한다면, 이미 굉장히 많은 목록을 말했겠죠? "여러 개 얘기해도 되나요?" 혹은 대충 액수를 계산한 후 "이 정도?" 이렇게요. 근데 여러분도 아시다시피 디오게네스는 이렇게 답했습니다.

"당신이 햇빛을 가리고 있으니 비켜주시지요."

알렉산드로스가 완전히 참패하고 뒤돌아 가면서 했다는 말도 안 되는 넋두리가 있습니다. "내가 알렉산드로스가 아니었다면 나는 디오게네스가 되었을 텐데."라고요. 말도 안 되는 소리죠. 그건 다 나중에 알렉산드로스를 높이면서 디오게네스를 좋아하는 사람들이 만들어낸 엉뚱한 말일 겁니다. 그런 얘기를 한 적이 없어요. 할 리도 없고요. '비켜달라'고 말했다는 것이 사실인지는 모르겠으나, 디오게네스가 그렇게 당당한 태도로 알렉산드로스를 대하기를 바라는 사람들의 염원이 이야기에는 담겨 있습니다. 이 말은 "나는 아무 것도 원하는 게 없다."라는 말과 같습니다. 이 세상에서 제일 무서운 사람은 원하는 게 아무 것도 없는 사람입니다. 이 사람은 무엇으로도 굴복시킬 수가 없습니다. 재산으로도, 권력으로도, 협박으로도요. 디오게네스는 원하는 게 아무 것도 없었습니다. 아무것도 원하는 게 없다는 게 뭐예요? 나는 모든 걸 가지고 있다는 말과 다름없습니다. 개집으로 쓰는 술통 속에 들어 있는 거지 철학자가 그렇게 얘기한 것이지요. 나는 원하는 게 아무것도 없다고.

마르크스를 전공한 철학자 고병권은 디오게네스에 대한 글을 많이 썼습니다. 그가 마르크스의 《공산당 선언》을 굉장히 독특하게 해석한 부분이 있는데, 공산당 선언의 주제를 한마디로 말하면 '우리는 아무 것도 필요 없다'는 선언이라는 겁니다. 우리는 이 사회에서 원하는 게 아무것도 없다. 우리가 원하는 건 이러한 사회에서 줄 수 있는 게 아니라는 거죠. 그래서 가장 무시무시하고 강력한 선언이라는 거예요. 이 세상에서 가장 무시무시한 선언, 가장 멋진 선언 중에 하나이지요. '나는 아무 것도 바라지 않는다.' 그러한 사람에게 권력은 작동하지 않습니다.

어찌 보면 삶의 조건 중에서 가장 외부에 있는 것 같지만, 가장 내부까지 작동하고 있는 것이 권력입니다. 그 권력을 무력화시키는 태도를 보이는 이 사람은 이미 스스로 자유롭게 살아갈 준비가 되어 있는 사람이지요. 다시 말하면 권력 구조가 배치시켜놓은 자리에서 사는 자가 아니라, 구조의 배치와는 관계없이 자기 스스로 자유로운 말(馬)이 되어 원하는 대로 걷고자 하는 것이죠.

예를 들어 바둑판이나 장기판, 체스판에서 모든 말들은 가야될 길이 정해져 있습니다. 그 말들은 자기 역할이 주어지고 나면 그렇게 살 수밖에 없는 운명인 것이죠. 장기의 말에서 포(包)는 말이 앞에 하나 있어야만 건너갈 수 있습니다. 대신 포가 앞에 있으면 못 건너가는, 이런 룰이 있지요. 그런데 장자와 디오게네스는 장기 한 판 둘까요? 했더니 장기판을 확 걷어버린 거예요. 그 룰대로 살 이유가 없다, 이 작동을 나에게서 멈추게 하겠다, 이거죠. 재미난 사람들입니다.

장자의 디오게네스의 공통점 2. 반문명

권력은 어떤 하나의 인물, 어떤 하나의 권력자로 등장하기도 하지만 또 다른 한편으로는 삶의 가장 가까이에서 우리 삶을 좌지우지하는 '문명'의 형태로도 등장합니다. 그건 스마트폰만 예를 들어도 생생하게 알 수 있습니다. 예를 들어서 누군가의 스마트폰을 뺏어 사흘 정도를 돌려주지 않으면 난리가 날 겁니다. 내가 스마트폰을 쓰는 줄 알았는데, 알고 봤더니 스마트 폰이 날 쓰고 있는 상황이 벌어지는 거죠. 스마트폰이 없던 시기에는 책이라도 좀 보면서 시간을 보냈다면 이젠

책 따위는 안중에도 없게 되었지요. 이때 스마트폰을 문명이라 한다면 그런 기본적인 문명에 대해서도 어느 정도 거리를 두고 살았던 삶이 이 두 사람의 삶입니다.

《장자》에는 재미난 이야기가 나옵니다. 자공과 한 노인의 이야기입니다. 실화는 아닐 겁니다. 자공은 공자의 3대 수석 제자들 중 돈도 많이 벌고 정치적, 외교적 수완도 뛰어난 제자였습니다. 어느 날 자공이 다른 나라에 갔다가 돌아오는 길에 한 노인이 바가지로 어렵사리 물을 옮기고 있는 모습을 보게 됩니다. 자공은 노인 옆에 가서 "노인장, 두레박이라는 걸 설치해놓으면 쉽게 물을 떠서 옮길 수 있는데, 왜 이렇게 어렵게 물을 뜨십니까?" 하고 묻습니다. 자공이야말로 문명인의 입장이죠? 가능한 한 삶을 편하게 살고 싶은 대부분의 사람들에게는 기계의 도입이 굉장히 자연스러운 과정입니다. 자공은 원시적인 인간에게 문명을 소개했습니다. 새로운 도구가 있으니 문명을 사용해 보시죠? 하고요. 그때 그 노인이 이렇게 이야기합니다.

"나는 내 스승에게 들었소만, 기계 따위를 갖게 되면 그 기계로 말미암은 일이 반드시 생겨나고, 그런 일이 생기면 기계에 얽매이는 마음이 생겨나는 법이라오. 그런 마음이 있게 되면 곧 순진결백(純眞潔白)한 본래 그대로의 것이 없어지게 되고, 그것이 없어지면 정신이나 본성의 작용이 안정되지 않게 되오. 정신과 본성이 안정되지 않은 자에겐 도(道)가 깃들이지 않소. 내가 두레박을 몰라서 쓰지 않는 게 아니라 부끄러워서 쓰지 않을 뿐이오.'"_《천지天地》 편

이와 비슷한 최근 철학자 중 웬델 베리(Wendell Berry, 1934년~)라는 철학자가 있습니다. 그를 일약 스타로 만든 책이 《나에게 컴퓨터는 필요 없다》인데요. 책이 출간될 당시는 컴퓨터 혁명이 일어나 286, 386, 486, 펜티엄 컴퓨터가 막 쏟아지고 있었습니다. 컴퓨터 덕분에 작가들은 글을 빨리 쓸 수 있었지요. 그런데 웬델 베리는 한창 컴퓨터가 팔려나가도 컴퓨터를 사지 않았습니다. 지금까지도요. 이 사람이 그렇다고 원시주의자는 아닙니다. 기계를 사용하는 데 몇 가지 원칙을 따를 뿐이죠.

그 원칙 중 첫 번째는 이렇습니다. '만약 기계가 이 사람에게 도움이 된다면, 무릇 기계는 기계가 인간을 작동하는 것이 아니라 인간이 기계를 작동하는 것이어야 한다. 기계가 돌아가면 인간이 꼼짝하지 못하는 것이 아니라 언제든지 인간이 기계를 껐다 켰다 할 수 있는, 인간에 의해서 작동되는 기계여야 한다. 두 번째는 인간의 삶을 복잡한 삶에서 더 단순한 삶으로 이끌어야 한다'입니다.

그 외에도 몇 가지 원칙을 죽 설명해놓고 나서 웬델 베리는 '그런데 컴퓨터는 정반대다. 따라서 컴퓨터는 단순히 보아선 인간의 삶을 풍요롭게 만들지 모르지만 사실 인간의 삶을 더 복잡하고 훨씬 더 힘들게 만든다'고 말합니다. 제 경우에도 바이러스 때문에 컴퓨터로 작업

해둔 6개월 치 자료가 모두 삭제되어 복구가 안 된 적이 있습니다. 그때 받은 정신적 외상에 3년 동안 글을 쓰지 못했습니다. 정말 많은 자료를 써놨었거든요. 그건 다시 복구할 수 있는 게 아니었습니다. 무엇을 기계가 제공하고 있다면, 언젠가는 내가 어찌할 수 없는 그 무엇 때문에 기계가 나를 통제할 수 있는데 우리는 그것을 모르고 사용하고 있는 것입니다. 그러니까 당장의 286이 무서운 게 아니라 286이 어떠한 속도로 진화해 결국은 인간의 삶을 어떻게까지 지배할 것인가를 염두에 둔다면 먼저 이 고리를 끊어야 한다는 것입니다. 이것이 인간으로서 온전한 삶을 유지하는 방법이 아니냐 하는, 오늘날 현대 사회에서 읽어도 아무 격차감을 느낄 수 없는 어마어마한 글이 장자에 쓰여 있습니다.

한편 디오게네스를 언급한 세네카의 이야기도 있습니다. 세네카(Lucius Annaeus Seneca, 기원전 4~서기 65년)는 네로 황제의 스승이기도 하고, 스토아학파를 집대성한 위대한 철학자이기도 하지요. 이 사람이 쓴 《윤리학》이란 책에 보면 이런 말이 나옵니다.

"내가 묻는데, 어떻게 당신은 모순됨이 없이 디오게네스와 다이달로스 둘 다를 숭배할 수 있겠는가? 당신에게는 다음의 둘 중에 누가 현명한 사람 같아 보이는가? 톱을 발명한 사람인가 아니면, 어떤 소년이 손으로 물을 퍼 마시는 것을 보고는 자기의 주머니에서 컵을 꺼내 깨뜨려 버리고 "내가 얼마나 어리석었던가. 여태껏 쓸데없는 짐을 가지고 다녔으니."라고 자신을 꾸짖고는, 몸을 꾸부려 통속으로 들어가 누워 잠을 청한 사람인가? … 만일 인간들이 이 현자에게 귀를 기울이려고만 한다면 요리사가 병사만큼이나 쓸데없다는 것을 알 수 있을 것이다. … 자연을 따르라, 그리하면 당신은 숙련된 기술자들이 전혀 필요 없을 것이다."

인용구에는 디오게네스와 다이달로스가 비교됩니다. 다이달로스는 무엇이든 발명해낼 수 있는 발명의 천재, 고대의 에디슨이라고 생각하면 쉽습니다. 그러니까 디오게네스와 다이달로스는 자연을 따르는 자와 문명을 따르는 자를 대변하는 것입니다. 세네카는 자연을 따르는 디오게네스를 현자라고 평가합니다. 디오게네스는 음식도 원재료 맛을 그대로 살리는 방식으로 먹었지요. 화려하게 요리해 먹지 않았나 봅니다. 현대 사상가 중에서 스콧 니어링 같은 경우에는 요리를 하지 않고 음식을 먹었습니다. 채소를 따서 그 채소를 가능한 한 생것으로, 가공하지 않고 그 자리에서 먹었지요. 쪄 먹거나 삶아 먹곤 했으나 따로 양념을 하거나 요리해서 먹지는 않았습니다. 이런 사람에게는 요리사가 필요 없죠. 그렇다면 요리사라는 직업도 전쟁에 필요한 병사라는 직업만큼 쓸모없는 직업이라고 말할 수 있겠지요. 만약에 실제로 디오게네스의 철학을 본받아 지금부터 우리 집은 요리 없는 집안이라고 선언하고 손으로 배추를 북북 찢어 먹자고 한다면 어떻까요? 만약 그런 습관을 들인다면 그렇게 먹는 것이 아무 문제도 안 될 지도 모릅니다. 스콧 니어링이 그것을 몸소 보여줍니다. 실제로 스콧 니어링은 100세까지 살았습니다. 의료보험도 없이, 병원도 한번 안 가고요. 문명으로 사람들의 삶이 나아질 거라고 상상하는 것이 다이달로스의 삶이라고 한다면, 문명이 만들어놓은 온갖 발명을 거부하고 자연 그대로의 삶으로 회귀하는 것은 디오게네스의 삶입니다. 둘 중 무엇이 더 지혜로운 것일까요? 세네카는 자연의 삶을 따른다면 디오게네스의 삶을 사는 것이 지혜로운 것이라고 이야기 합니다. 그런 점에서 견유학파의 대표자인 디오게네스는 스토아 철학자들에게 어마어마한 영감을 주었습니다.

장자와 디오게네스의 공통점 3. 청빈

디오게네스는 이처럼 권력에 반하고 문명에 반하기 때문에, 부유하게 사는 것이 애당초 불가능했습니다. 청빈 또는 극빈을 자기 삶의 조건으로 삼았습니다. 우리가 제일 무서워하는 거죠. 누구나 바라지 않는 것이 바로 이 상태일 겁니다. 청빈과 극빈. 정말 최소한의 것만 먹고 살아가는 삶. 그런 삶을 살고자 한다면 결단을 해야 합니다. 21세기를 살아가는 사람으로서 욕망을 먹는 데 말고 다른 데 투자할 수 있는 용기가 있는지요. 만약 있다손 치더라도 장자와 디오게네스는 어떻게 얘기하는지 먼저 살펴보겠습니다.

장자와 같은 동네에 조상(曹商)이라는 사람이 있었습니다. 말을 기가 막히게 잘하는 사람이었지요. 진나라에 사신으로 가서 얼마나 말을 잘했는지, 돌아오는 길에 진나라 왕이 수레 백 대를 선물로 주었습니다. 빈 수레만 주었을까요? 무엇이든 채워주었겠지요. 갈 때는 수레 두세 대 몰고 가서는 올 때는 백 대를 몰고 오는 어마어마한 외교적 성과를 거둔 겁니다. 조상이 장자를 찾아와 자랑을 하니, 장자가 대꾸합니다.

조상이 말하길, "이렇게 비좁고 지저분한 뒷골목에서 군색하게 짚신이나 삼고, 버쩍 마른 목에 누런 얼굴로 사는 것. 이런 일에 나는 소질이 없소. 이게 바로 장자의 삶이오. 수레 만 대를 가진 임금을 한 번 일깨워주고, 수레 백 대를 받아오는 일. 나는 그런 데 장기가 있지."
장자가 대꾸하길, "진나라 왕이 병이 나서 의원을 부르면, 종기를 따서 고름을 빼내주는 의원에게는 수레 한 대를 주고, 치질을 핥아서 고쳐주는 의원에게는 수레 다섯 대는 준다는데, 치료할 곳이 더러우면 더러울수록 수레를 더 많이 준다고 하더군. 자네는 치질을 얼마나 고쳐주었기에 그렇게 많은 수레를 얻었는가. 꺼지시게나."_《열어구列禦寇》편

무언가를 받아올 때는 그만큼 왕에게 아부한 것이라는 말이지요.

장자는 그런 식으로 부의 축적 그 자체가 가지고 있는 권력의 습성을 정확히 알고 있었습니다. 부는 열심히 노력하는 자에게 오는 것이 아니라 돈의 길을 가는 자에게 간다는 것을요. 돈의 길은 권력의 길이기도 합니다. 권력에 가까이 갈수록 돈에 가까이 가는 건 분명하지요. 유대인들은 부자가 되는 방법은 부자 옆에 서 있는 거라고도 했습니다. 부자의 길을 따라가라. 가난한 자의 길을 따라가서는 결코 부가 오지 않으니 부자의 길을 따라가면 되는 거라고요. 부자의 길은 권력을 향하는 길입니다. 장자가 볼 때는 권력을 따르는 길이 곧 왕의 치질을 핥는 것이었습니다. 도대체 어떻게 했기에 그렇게 많은 수레를 얻을 수 있을까요.

이와 유사한 일화가 플라톤과 디오게네스에게도 있었습니다. 고병권의 책 《살아가겠다》에 소개된 플라톤과 디오게네스 일화를 소개해 봅니다.

플라톤이 길거리에서 직접 샐러드(채소)를 씻고 있는 디오게네스를 보았다. 플라톤이 말했다. "네가 디오니시우스 왕에게 조금만 더 공손했더라면 너는 네 샐러드를 직접 씻을 필요가 없었을 것이다."

디오니시우스는 플라톤이 그렇게 바라마지 않았던 철인공화국을 만들기 위해 찾아갔던 왕입니다. 물론 실패하고 말지만요. 그래도 디오니시우스는 플라톤이 끝끝내 섬겼던 왕이자 권력자죠. 네가 조금만 왕에게 아부했더라면 지금 길거리에서 샐러드를 씻고 있지는 않았을 텐데 왜 이러고 사느냐는 이야기입니다. 디오게네스가 이렇게 대답했습니다.

"네가 네 샐러드를 직접 씻는 법을 배우면 너는 디오니시우스 왕의 노예가 될 필요가 없다."

왕의 노예가 될래? 채소를 직접 씻을래? 나는 채소를 직접 씻으므로 왕의 노예가 되지 않았고 너는 씻은 채소를 얻어먹으므로 노예가 되었다. 너와 나 중 누가 더 자유인이냐? 이거죠. 채소를 직접 씻은 자예요. 그러나 플라톤은 채소 씻기를 거부함으로써 왕의 노예가 된 자입니다.

재미난 에피소드가 또 있습니다. 디오게네스가 원래부터 가난했던 건 아닙니다. 어느 날 디오게네스의 노예가 도망을 쳤습니다. 주변 사람들이 노예가 도망쳤는데 왜 안 잡느냐고 물었죠. 디오게네스가 가만히 생각하다가 "노예는 나 없이도 잘 사는데, 내가 노예 없이 못 산다면 누가 노예냐?"라고 되물었답니다. '노예가 주인 없이 잘 산다면 노예가 삶의 주인이다. 그런데 나는 주인인데 노예 없이 못 살아?' 이렇게 생각한 것이죠. 그래서 노예를 잡으려고 하지 않았다는 이야기입니다. 디오게네스는 의도했든 의도하지 않았든 자기를 노예화시키는 모든 것들을 철저하게 거부했습니다. 그러니까 그릇이며 물 잔을 깼던 것이지요.

사실 채소를 씻는 건 어려운 일이 아닙니다. 그런데 귀족은 채소를 씻는 게 귀족답지 않다고 생각한 것이고요. '내가 채소를 씻어?' 하는 생각을 바꾸는 게 어려운 것이지요. 사실은 우리의 낡은 생각이 우리의 삶을 이렇게 요동치게 합니다. 지금도 마찬가지죠. 막상 해보면 아무것도 아닌 것을 못하는 것도 꽤 많을 겁니다. 사회 제도 혹은 시스템 하에서 이게 될 법이나 한 이야기냐는 생각 때문에 시도조차 안 하는 경우들이 있습니다.

귀족이었던 디오게네스는 그런 것들을 용감하게 한 것이지요. 제 손으로 채소를 씻은 거예요. 누구나 할 수 있는 것이지만 당시엔 아무나 못했던 것을 그 사람은 한 것이죠. '위대함'은 아무나 못하는 것을 하는 게 아니라, 아무도 안 하는 것을 하는 능력입니다. 그게 디오게네스의 위대함이에요.

장자와 디오게네스의 공통점 4. 초연한 죽음

장자와 디오게네스의 에피소드는 차고도 넘치지만, 지면 관계상 이제 이 사람들이 어떻게 살다가 결국 어떻게 죽음을 맞이했는지를 살펴보려 합니다. 장자의 죽음보다 장자 아내의 죽음이 더 유명합니다. 읽어 볼까요?

장자의 아내가 죽자, 혜시가 조문을 갔다. 장자는 마침 두 다리를 키처럼 벌리고 땅바닥에 주저앉아 질그릇을 두드리며 노래를 부르고 있었다. 혜시가 말했다. "자네는 저 사람과 함께 살면서 자식을 낳아 기르고 같이 늙어왔네. 그런 그녀가 죽었으면 슬피 곡을 해도 모자랄 판인데, 자네는 오히려 질그릇을 두드리며 노래를 부르고 있으니, 이거 너무 심하지 않는가!" 장자가 말했다. "그렇지 않네. 그녀가 처음 죽었을 때에는 나라고 어찌 슬퍼하는 마음이 없었겠는가? 그런데 그녀의 시작을 살펴보았더니, 본래 삶이란 없었던 것일세. 삶이 없었을 뿐만 아니라, 본래는 형체도 없었던 것일세. 형체가 없었을 뿐만 아니라, 본래는 기(氣)조차도 없었던 것일세. 흐릿하고 어두운 사이에 섞여 있다가 변해서 기(氣)가 되었고, 그 기가 변해서 형체가 있게 되었으며, 형체의 변화로 삶이 있었던 것일세. 그리고 지금 또 변해서 죽음으로 간 것이네. 이것은 봄, 여름, 가을, 겨울 사계절이 운행하는 것과 같지. 저 사람이 우주라는 큰 집에 누워 편안히 자고 있는데, 내가 크게 소리 내어 곡을 한다면, 그것은 명(命)을 모르는 것일세. 그래서 곡을 멈춘 것이라네." _《지락至樂》편

이게 장자의 기본입니다. 물론 당시엔 말도 안 되는 이야기겠지만 장자는 그렇게 슬픔을 이겨냈습니다. 어쩌면 슬픔을 이겨내는 정신적 요법이 될 수도 있지요. 장자의 죽음도 《장자》에 등장합니다. 장자가 좀 유명해지고 나니 장자의 제자들이 장자가 죽고 나서 성대한 장례

식을 치르고 싶었겠지요. 제자들의 제안에 장자가 한 이야기입니다.

장자가 막 임종하려 하자, 제자들이 성대하게 장사 지내려고 하였다. 그것을 들은 장자가 말했다. "나는 하늘과 땅을 나의 관으로 삼고, 해와 달을 한 쌍의 옥으로, 밤하늘의 별들을 둥근 진주와 작은 구슬 알갱이들로, 세상 만물을 저승길 선물로 삼으련다. 이 정도면 내 장례 도구는 다 갖추어진 것이 아니겠느냐? 무엇을 더 보태려 하느냐?" 제자들이 대답했다. "저희는 까마귀와 솔개가 선생님을 파먹을까 걱정되는 것입니다." 장자가 말했다. "위로는 까마귀와 솔개에게 먹히고, 아래로는 땅강아지와 개미에게 먹히는 법이다. 저쪽 것을 빼앗아다가 이쪽에만 주면 불공평하지 않겠느냐?" 《열어구列禦寇》 편

이게 장자의 죽음이었습니다. 한편 디오게네스는 죽음에 대해 이렇게 말했습니다.

"사람은 물욕에 집착이 심하면 허약해진다. 그리고 스스로 결박을 한다. 언제든지 죽음을 생각해보는 사람만이 참된 자유인이다. 이미 죽음을 예감해본 사람은 어떤 욕망도 그를 노예로 할 수 없고 그 아무것도 그를 결박하지 못하니까."

'메멘토 모리(memento mori)'라는 말을 아시나요. 죽음을 기억하라!

이 말은 우울하게 살아가라는 말이 아닙니다. 네가 인간인 한 너의 끝은 반드시 죽음이다. 누구나 죽는다. 그런데 삶을 비굴하게 살 이유가 있느냐? 삶을 지체하고 살 이유가 있느냐? 자기가 원하지 않는 방식으로 삶을 살아갈 이유가 있느냐? 이렇게 묻는 것입니다. '메멘토 모리'의 정신을 다르게 표현하면 '카르페 디엠(carpe diem)'이 되겠네요. 오늘을 살아라! 이 말은 오늘을 비굴하게 살라는 것이 아니라 네가 원하는 너의 모습으로 오늘을 살아라, 하는 말입니다. 쓸데없는 물욕에 휩쓸려서 그 물욕 때문에 스스로를 힘들게 하지 말고 살아라. 돈이 있건 없건 언젠간 죽는다. 그게 내일이 될 지도 모른다. 이런 이야기입니다.

언젠가 교통사고로 100중 추돌 사고가 난 적이 있지요. 예전엔 죽음이 저 멀리 남의 일처럼 느껴졌는데 실상 죽음은 내 곁에서 수시로 함께 한다는 생각이 듭니다. 그렇다면 내가 언제 죽을지도 모르는 건데 원하지 않는 삶을 살다가 욕하고 죽는 것과, 원하는 삶을 살다가 죽으면서 좋다, 행복하다 말하고 죽는 것은 완전히 차원이 다르다는 것이죠. 메멘토 모리는 그렇게 살라는 거예요. 죽음을 기억하라는 것은 그것 때문에 우울하게 살라는 말이 아니라 언젠가 죽는데 그 죽음이 언제 닥칠지 모르니까 지금 이 순간의 삶을 자기답게 살라는 말이지요.

참된 자유인으로

현대는 우리에게 끊임없이 미래의 불안을 알려줍니다. 청년실업, 비정규직, 전세 대란, 흙수저, 헬조선…. 들리는 말마다 비운의 언어입니다. 그러나 이런 비운의 언어들 때문에 휘둘리지는 말아야 합니다. 그것이 내 삶에 영향을 주니까요. 죽음을 생각해 본다면, 죽음에 비하면 더 아무것도 아닌 것입니다. 그렇다면 지금 내가 아무것도 없어도, 내 밥그릇이 깨졌어도, 나의 삶을 당당하게 살아갈 수 있는 삶을 선택한다면 21세기에 우리는 멋진 삶을 영위할 수 있는 가능성이 있다는 것입니다. 그리고 그것을 머리로가 아니라 지금 자기의 삶에서 몸으로 느껴봐야 합니다. 모든 걸 한꺼번에 깨뜨릴 수는 없으니, 먼저 작은 컵부터 하나 깨뜨려보고, 그 다음에 접시도 깨뜨려보면서 삶에서 쓸모없는 것, 자기를 제약하는 것들을 하나하나 깨뜨리는 용기와 기술을 배운다면 우리도 디오게네스나 장자가 되지 말라는 법이 없습니다.

자본주의는 끝없는 소유를 광고하면서 소유의 자유를 외칩니다. 하지만 장자와 디오게네스는 그와는 정반대로 소유와는 다른 삶, 역설적으로 무소유의 자유를 주장했지요. 스스로 많은 것을 바라는 삶이 아니라 자신의 현실 속에서 아무 것도 바라지 않는 삶을 살았습니다. 그들이 바라는 것이 있다면 참된 자유를 누리며 살아가는 것이었어요. 디오게네스의 후예라고 할 만한 문학가가 한 명 있습니다. 《그리스인 조르바》를 쓴 니코스 카잔차키스(Nikos Kazantzakis, 1883~1957)인데요. 그의 묘비명에는 이렇게 써 있다고 합니다.

나는 아무것도 바라지 않는다.　　Δεν ελπίζω τίποτα.
나는 아무것도 두려워하지 않는다.　Δε φοβούμαι τίποτα.
나는 자유다.　　　　　　　　　　　Είμαι λέφτερος.

"나는 아무것도 바라지 않는다." 디오게네스가 알렉산드로스에게 한 말이죠. "비켜, 나는 아무것도 바라지 않는다. 나는 아무것도 두려워하지 않는다." 왜 두려움이 없었겠습니까만, 참자유인은 두려움을 넘어섭니다. 우리도 이 세상을 자유롭게 살아가려면 아무 것도 바라지 않고 두려움 없이 살아가는 연습을 해야 하지 않을까요?

위대한 개인은 많은 것을 소유한 자가 아니라 아무 것도 바라지 않는 자이며, 위대한 개인은 두려운 존재가 아니라 아무 것도 두려워하지 않는 자입니다. 그것이 곧 삶의 주인이고, 자유인의 모습입니다. 오늘은 자유인의 초상으로 두 사람의 위대한 개인, 자유인 장자와 디오게네스에 대해서 알아봤습니다. 자유인이 됩시다.

| 제5강 |

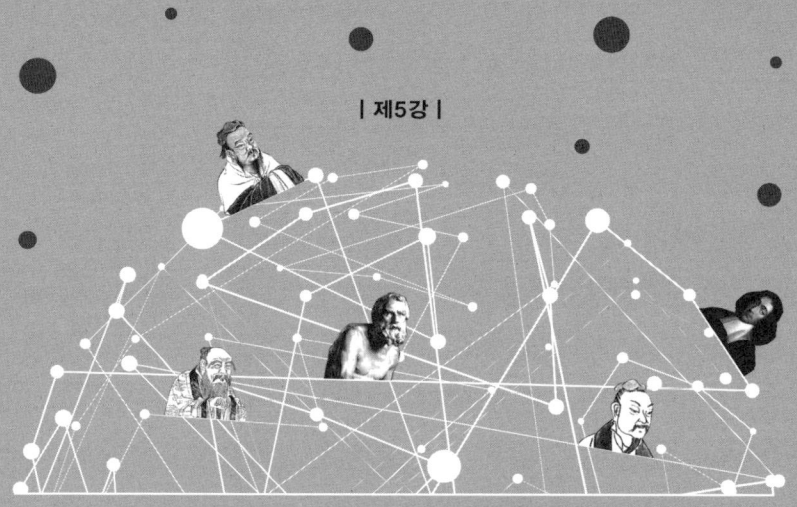

정의로운 욕망은 없는가?
- 한비자와 마키아벨리에 관하여

헌법 제1조에는 "대한민국은 민주공화국이다. 대한민국의 주권은 국민에게 있고, 모든 권력은 국민으로부터 나온다."고 명시되어 있습니다. 그런 의미에서 민주주의 사회의 군주는 통치자가 아니라 국민입니다. 군주인 국민들은 집단지성과 집단적 힘으로 자신의 군주권을 행사하여야 합니다. 무법과 탈법과 초법이 난무하는 오늘날, 대한민국의 군주로서 한비자가 쥐어준 칼춤이라도 추어야겠다는 생각이 간절합니다. 온갖 비리와 부정부패를 끊어버리고 정의로운 사회를 만들려는 칼춤 말입니다.

욕망은 나쁜 것일까요? 모든 생물은 살고자 하는 욕망을 갖습니다. 만약 이 욕망이 없어진다면 더 이상 살아갈 힘을 잃게 되겠지요. 욕망은 나쁜 것이 아니라 모든 생명의 기본적인 조건입니다. 그렇다면 모든 욕망은 허용되어야 할까요? 내 욕망을 채우기 위해서 남의 욕망을 짓밟는 것은 어떤가요? 현실을 보면 이런 위험한 욕망의 소용돌이가 곳곳에서 휘몰아치고 있다는 생각을 하게 합니다. 크게는 권력자가 욕망을 실현하기 위해서 국민을 불행으로 몰고 가는 일도 비일비재하고요, 부모의 욕망 때문에 힘들어 하는 청소년들도 종종 볼 수 있지요. 비단 인간 사이에만 일어나는 일일까요? 인간의 편의를 위해 자연의 생명을 함부로 파괴하는 일도 인류사에는 다반사였습니다. 인간은 샥스핀이라는 상어 지느러미 요리를 만들기 위해 상어를 잡아다가 지느러미만 자르고 산 채로 바다에 던져 죽게 만드는 일도 버젓이 행합니다.

내 욕망이 소중하다면, 남의 욕망도 소중한 것 아닐까요? 내 욕망을 긍정한다면 남의 욕망도 긍정할 수 있어야겠지요. 욕망의 문제는 곧 정치의 문제이기도 합니다. 가진 자의 욕망만을 긍정하는 법이 아니라 그 반대의 욕망도 보호하는 법이 필요하지요. 이번 장에서는 욕망과 정치에 대해 이야기해보겠습니다.

정치 분야 중에서도 법 이야기를 다룬 고전적 인물은 한비자와 마키아벨리입니다. 마키아벨리 하면 마키아벨리즘도 떠오르고, 《군주론》도 떠오릅니다. 한비자는 책 《한비자》가 떠오르지요. 제가 비교하여 읽어본 바에 따르면, 마키아벨리의 《군주론》보다 한비자의 《한비자》가 훨씬 명저입니다. 게다가 마키아벨리의 《군주론》은 실천되지 못한 책이지만, 한비자의 《한비자》는 진나라의 진시황이 가장 사랑한 책이며, 실제 통치를 하는 데 반영하기도 한 책입니다. 레벨이 다르죠. 우선 시대적 배경부터 살펴보겠습니다.

전국 시대 말기, 한비자

한비자(韓非子, 기원전 280~233년)는 춘추 전국 시대로 치면 전국 시대 말기의 사람입니다. 공자가 춘추 시대 말기 사람이지요. 굉장히 큰 차이가 있습니다. 춘추 시대는 아직 주나라의 예법이 남아 있던, 요즘 말로 하면 매너가 있는 시대였죠. 전쟁을 하더라도 매너 있게 했습니다. 저쪽에서 한 번 쏘면 나도 한 번 쏘고요. 주로 전차전, 말을 타고 전쟁을 했기 때문에 싸울 수 있는 곳이 제한적이었죠. 산악 지대에서 마차를 달릴 순 없으니 평야에서 했고요. 미리 약속을 하고 모여서 길어야 하루 정도를 싸웠습니다. 진 사람이 항복을 하면, 이긴 쪽에서 원하는 것을 요구하고 전쟁이 끝나는 방식으로 말입니다. 반면에 전국 시대에는 양상이 완전히 달라집니다. 춘추 시대만 하더라도 주나라를 상징적 중심으로 삼았었는데, 전국 시대에는 주나라를 완전히 무시하면서 강대국끼리 서로 경합하게 된 것입니다. 주나라는 전국에 영향력을 거의 행사할 수 없을 정도로 몰락해버렸습니다. 춘추 시대만 하더라도 제후국이 군사를 움직이려 할 때는 주나라를 보필하기 위해 전쟁을 한다는 명분을 가지고 전쟁을 했습니다. 마치 《삼국지》에서 조조가 왕을 보필하는 느낌을 주는 것처럼 말입니다. 꼭두각시 왕이지만 그 왕을 보필하면서 '내가 왕을 보필하기 위해 전쟁을 한다'고 말하는 것처럼, 춘추 시대의 제후국들이 주나라 황실을 보필하기 위해 힘을 강화하는 거라고 말했다면, 전국 시대는 천하의 주인이 사라져버린 거죠. 그러면서 단순한 명분 전쟁이 아니라 철저하게 나라를 뺏고 빼앗는 전쟁이 일어나게 됩니다. 이제 한번 시작됐다 하면 만 명 이상씩 죽어나가는, 시체가 산을 이루고 피가 바다를 이룰 정도로 어마어마하게 참혹한 전쟁이 일어납니다.

   춘추 시대에 다섯 나라의 패자가 있었다면, 전국 시대에는 일곱 나라의 강자가 있었습니다. 진(秦), 초(楚), 제(齊), 연(燕), 한(韓), 위(魏), 조(趙). 처음엔 모두 비슷비슷했는데 점점 강력하게 부각된 나라가 진

(秦)나라입니다. 진나라는 중국 지도로 치면 서쪽, 중국의 국경에 있는 나라였습니다. 당시엔 전쟁을 치를 때 자기네 나라 사람들만 데리고 전쟁을 치르는 것이 아니라, 서쪽 국경 바깥에 있는 곳에서 용병을 데려왔습니다. 실제로 진나라 군사들은 보통 사람들보다 키가 큰 거인족 같았고, 다양한 민족들이 다국적군처럼 모여 얼핏 보기에도 무시무시했다고 합니다. 이런 무리가 쳐들어갔으니 얼마나 놀랐겠어요. 갑자기 눈이 퍼렇고 자기보다 덩치도 큰 사람이 달려드니까요. 다윗과 골리앗 전쟁 같기도 했지요. 용병들은 사람을 죽인만큼 돈을 받으니 잔인할 수밖에 없었습니다. 그래서 진나라 군사들이 쳐들어오면 사람들이 사시나무 떨 듯 벌벌 떨었어요.

그런데 한비자는 진나라 사람이 아니라 한나라 사람입니다. 서쪽에서는 진나라의 공격이, 밑으로는 초나라, 동쪽으로는 제나라 등의 강국들이 계속해서 위협하는 시대에, 어찌 보면 항상 위태위태하게 방어하며 사는 것이 당시 전국 시대 말의 한나라의 상황이었습니다.

마키아벨리, 르네상스 시대

마키아벨리(Niccolò Machiavelli, 1469~1527년)는 이탈리아 르네상스 시대 사람입니다. 당시에 이탈리아는 각 도시를 중심으로 정치가 이루어지는 도시 국가의 형태였으며, 도시들이 상업의 중심지로서 많은 부와 재산을 형성하고 있었습니다. 그러니까 통일 국가로서의 이탈리아가 아니라 도시끼리 독립하고 경쟁하는 분열된 이탈리아였지요. 이 도시 국가를 다스리는 귀족 중에서 메디치 가문이 유명한데요. 메디치 가문은 상업을 통해 엄청난 재산을 쌓았을 뿐만 아니라, 그 재산으로 문화와 예술에 많은 투자를 했습니다. 우리가 알고 있는 레오나르도 다빈치 등 르네상스 최고의 예술가들이 어느 정도 경제적 여유를 가지고 작품 활동을 할 수 있었던 것도 바로 이 메디치 가문 같은 후원 세력이 있었기 때문이지요. 마키아벨리 같은 야심찬 정치가도 성공하기 위해서는 이와 같은 귀족 가문의 후원이 절대적으로 필요했습니다.

한편 이탈리아에는 교황이 지배하는 로마와 여러 귀족이 지배하는 도시들이 있었기 때문에 크고 작은 분쟁이 끝없이 일어났습니다. 또 이탈리아의 엄청난 경제력에 눈독을 들인 주변 강대국들의 침략 전쟁도 빈번했지요. 내우외환(內憂外患)이라고나 할까요? 경제적으로는 홍성했지만 정치 군사적으로는 취약한 조건에 놓여 있었던 나라가 바로 이탈리아였습니다.

프랑스나 스페인 같은 강대국들이 항상 이탈리아를 정복하려 호시탐탐 기회를 노리고 있었습니다. 그러한 시대에 마키아벨리가 태어난 겁니다. 그렇기에 마키아벨리는 이탈리아가 강성해지기 위해서는 여러 도시 국가들로 분열된 나라가 아니라, 통일된 한 나라를 만들어야 된다는 생각을 할 수밖에 없었습니다.

한비자와 마키아벨리의 연도를 계산해봅시다. 계산해보면 한비자가 기원전 280년, 마키아벨리가 1460년이니 어마어마한 차이가 납니다. 1,800년 가까이 되는 격차가 있지요. 놀라운 점은 마키아벨리가 《군주론》을 쓰기 1,800년 전에 어마어마한 문서들이 이미 중국에서 작성되고 있었다는 것입니다. 서양에서는 마키아벨리의 《군주론》을 보면서 잔인한 정치, 인정사정 보지 않는 폭군의 정치를 '마키아벨리즘'이라고 이름 붙였습니다. 하지만 만약 서양 사람들이 1,800년 전에 한비자가 있었다는 사실을 알았다면, 그리고 한비자의 책이 마키아벨리의 책보다 훨씬 더 정교하고 복잡하고, 강한 나라를 건설하기 위한 주제들을 담고 있었다는 사실을 알았다면 어땠을까요. 아마도 한비자이즘, 한비즘 같은 이론이 나왔을지 모릅니다. 우리는 동양 사람이니까 우리에 맞는 한비자주의 같은 이름으로 만들어내도 되겠네요. 마키아벨리즘이 우스울 정도의 강력한 문서가 한비자에 의해 쓰였거든요.

선비의 종류 : 문사, 무사, 은사, 모사

한나라의 귀족이었던 한비자는 한나라의 부국강병을 위해서는 법가 사상을 받아들여야 한다고 생각했습니다. 춘추 전국 시대에 있었던 사상은 크게 네 가지가 있습니다. 유가, 묵가, 도가, 법가. 유가는 문사(文士), 글줄이나 좀 아시는 선비들이 유가 사상을 많이 주장했고요. 공자나 맹자가 대표적 인물이지요. 묵가를 주장한 이들은 대개 전쟁

전문가들이었습니다. 무사(武士)들이죠. 묵가는 전쟁을 반대하고 평화 사상을 주장했지요. 그래서 전쟁이 나면 방어 전쟁을 치렀습니다. 후대로 가서 묵가 사상가들 중 일부가 '어차피 진나라가 천하 통일을 할 거라면, 진나라에 들어가서 천하통일을 빨리 하는 게 낫겠다'고 생각해서 진나라로 투항하기도 했지요. 그런 사람들을 진묵이라고 합니다. 도가(道家)는 노자, 장자 등이 대표적인 인물인데 주로 정치일선에서 벗어나 자연과 더불어 살아가려고 노력했습니다. 그래서 은사(隱士)가 많아요. 숨어 사는 선비들이죠. 법가를 주장하는 사람들은 누굴까요? 모사(謀士)입니다. 이 모사에는 '꾼'자를 붙입니다. 부정적으로 말하는 것은 다분히 유가적인 발상인 것이고요, 실제로 모사는 자기의 실력과 능력을 가지고 왕을 보필해서 왕권을 강화하기 위한 모든 조치를 취했던 사람들이 바로 모사라고 보시면 됩니다. 한비자 또한 모사가 되는 거죠.

이 각각의 선비 유형에 속하는 사람들은 무엇을 근거로 자신의 사상을 전개했을까요? 비교해보자면, 공자를 비롯한 유학자들이 꿈꾸는 나라가 주나라입니다. 주나라의 예법을 이상적 모델로 삼았습니다. 묵가는 하(夏)나라의 우왕(禹王)을 모델로 삼았지요. 묵가는 실제로 왕들이 정말 열심히 백성들과 더불어 일했고, 백성들이 힘들어 할 때마다 그 문제를 해결하기 위해서 직접 둑도 쌓으며 정강이 털이 없어질 정도로 열심히 일했던 우왕을 이상향으로 삼아 일해야 한다고 생각했습니다. 도가는 레벨이 많이 오릅니다. 역사 이전 태곳적으로 가요. 인간이 인위적인 무언가를 쟁취하기 전, 자연 그 상태를 모델로 삼지요.

현실주의자, 법가

잘 보면 유가, 묵가, 도가 사상가들은 자기 삶의 모델을 전부 다 과거로 설정을 해놓았다는 것을 알 수 있습니다. 복고주의죠. 이상향이 과거입니다. 현실은 문제가 있으니, 현실 문제를 해결하기 위해서는 과거의 어떤 모델을 설정해놓고 그 과거의 모델로 현실을 보는 시선을 가지고 있었던 것입니다. 크게 네 개의 사상 중에 세 개의 사상이 기본적으로 복고적 아이디어라는 점을 보면, 현실주의자들은 아니에요. 그렇지만 법가는 복고적이지 않습니다. 법가는 당면하고 있는 현실이 어떠한지에 더욱 관심이 있었지요.

《한비자》에 보면 수주대토(守株待兎)라는 고사가 나옵니다. 토끼 한 마리가 뛰어가다가 나무뿌리에 걸려 넘어져 죽자, 어느 농부가 그 토끼를 잡을 수 있었습니다. 그러자 농부는 토끼 잡는 방법이 이거였구나, 하면서 나무뿌리 옆에 앉아 다른 토끼가 또 쓰러지기를 가만히 기다렸지요. 하지만 토끼가 잡히나요? 안 잡히죠. 토끼가 나무뿌리에 걸려 넘어졌던 것은 우연히 일어난 과거의 일에 불과합니다. 그 일은 다시 반복되지 않지요. 그러니 나무 밑에 앉아서 토끼를 기다리는 것은 어리석은 일이지요. 한비자가 보기에 과거를 지향하는 사람들은 현실을 보지 못하며 현실에서 토끼를 잡으려고 노력하지 않고, 우연히 한 번 잡힌 또는 과거에 잡힌 토끼를 지금도 똑같은 방식으로 잡으려고 하는 시대착오적이고 어리석은 집단에 불과했어요. 그럼 현실에서는 어떻게 하면 될까요? 거기서 무작정 기다릴 게 아니라 토끼몰이를 해야 한다고 생각했던 것이 법가 사상가들의 핵심입니다.

《한비자》에 나오는 화씨지벽(和氏之璧) 이야기를 살펴볼까요. 한 농부가 땅을 파다가 귀한 돌을 구했습니다. 보니까 엄청나게 귀한 옥이라 왕한테 가져다 바쳤습니다. 그런데 검증을 했더니 옥이 아니라 돌이라고 판명이 난 것입니다. 화가 난 왕은 "저 자식이 나한테 감히 돌멩이를 바쳐?" 하면서 돌을 돌려주며 한쪽 다리를 잘라버려요. 시간이 지나 다음 왕이 또 왕위에 오르자 다리 한쪽을 절룩거리며 쫓아가요. "이게 진짜 보석입니다. 옥입니다." 왕은 돌을 감정합니다. 그런데 이번에도 돌로 판명이 되어서 남은 다리마저 잘립니다. 이제 움직이지도 못해요. 세 번째 왕이 등극하자 왕에게 가지도 못하고 왕이 지나가는 모습을 바라보며 엉엉 웁니다. 왕이 왜 그렇게 우느냐고 물으니 농부가 말하기를 상왕 때도, 직전 왕 때도 이 보석을 옥이라고 바쳤는데 옥을 돌이라고 하셔서 다리가 다 잘렸다고 말합니다. 왕은 "그러냐? 그럼 다시 한번 감정을 해보자." 하고 울퉁불퉁한 돌을 깼습니다. 그러자 그 속에서 엄청나게 큰 옥이 나옵니다. 국가적 보물이었지요. "아이고, 잘못했다." 하며 왕이 그 돌을 고맙게 받았다는 이야기가 화씨지벽입니다. 이게 무슨 이야기인가 하면, 법가 사상은 참으로 옥처럼 귀한 사상인데, 사람들이 이 사상을 제대로 알아보지 못하고 돌처럼 가치 없는 것으로 여긴다는 말입니다.

한비자는 어렸을 때부터 현실주의 정치에 눈을 뜨고 현실주의와 관련된 다양한 책들을 읽었습니다. 유학자들이 《논어》, 《맹자》를 읽으며 공부했다면, 한비자는 커리큘럼이 다릅니다. 어렸을 때부터 관중, 상앙, 오기 같은 인물을 연구합니다. 관중은 제나라의 환공과 함께 제나라를 강대국으로 만들었던 명재상이고요. 상앙은 진나라를 엄청나게 부강하게 만들었던 명재상이었습니다. 오기는 손자와 더불어 병가(兵家) 사상의 대표적인 인물이지요. 병가 사상은 명령에 대한 복종, 상벌이 분명하지요. 인정에 따라 정치를 하는 것이 아니라 엄격한 법에 따라 정치를 합니다. 이처럼 한비자는 나라를 부드럽게 운영하는 것이 아니라 나라를 강력하고 철저하게 운영하는 방식에 대해 많이 공부합니다. 실제로 좀 더 배우기 위해서 순자를 찾아갑니다. 사마천의 《사기》에 보면, 한비자가 이사와 더불어 순자에게 배웠다는 문장이 있습니다.

'순자' 하면 뭐가 떠오르세요? 다른 건 몰라도 성악설은 아실 겁니다. 성악설이라는 게 '인간은 악하다'는 뜻이 아니라, '인간은 욕망을 가지고 있는 존재'라는 뜻입니다. 욕망을 가지고 있는 존재이기 때문에 그 욕망을 따라 살다 보면 다른 사람에게 피해를 줄 수밖에 없습니다. 그러면 그야말로 만인에 의한 만인의 투쟁이 되는 거죠. 순자는 그런 욕망들을 서로 조절해야 한다고 주장하면서 예와 교육을 통해 욕망을 다스려야 한다고 말했습니다. 그렇게 한비자는 순자에게 배우고 배운 것을 종합하여 현실주의적인 안목을 가지게 되었습니다.

　드디어 진나라가 한나라를 공격하는 시기가 옵니다. 누가 이겼을까요? 당연히 강력한 진나라가 이깁니다. 진나라가 이겼을 때는 이길 만한 이유가 있었겠지요? 그래서 한비자는 우리 한나라가 왜 졌는지, 진나라와 싸우려면 어떻게 해야 하는지를 일일이 정리해 왕에게 바칩니다. 그런데 왕이 한비자의 견해를 무시해버려요. 그야말로 화씨지벽이죠. 그럼에도 한비자는 문제가 있을 때마다 상소를 올립니다. 한비자도 왕족이니까 직접 가서 친견할 수도 있었겠지요. 그런데 끊임없이 한나라가 잘못됐다며 지적을 하니, 왕도 점점 듣기가 불편해졌을 테지요. 그래서 처음에는 한두 번 한비자의 의견을 받아들이다가 나중엔 아예 친견도 못하게 합니다. 한나라는 점점 약해져가는데, 나라 정치는 말이 아니게 되지요. 그때부터 한비자는 굉장히 고통스러워합니다. 그래서 이 문제를 총체적으로 고민해 책으로 남겨야겠다고 결심하고 은둔을 시작해 글을 쓰기 시작한 것이 《한비자》로 탄생했습니다.

　물론 처음부터 단행본으로 만든 것은 아닙니다. 당시는 백가쟁명(百家爭鳴)의 시대라 서로의 사상에 대해 호기심이 많았거든요. 지식인들은 상대방과 싸우기 위해서라도 상대방의 글들을 읽어야만 했던 시대죠. 한비자의 글이 워낙 잘 쓴 글이기에 그 글을 서로 읽고 나누면서 널리 퍼졌고, 후에 묶어 《한비자》가 된 것입니다.

진시황과 한비자의 만남

한비자의 글은 진시황에게도 전해지게 됩니다. 물론 진시황이라는 호칭은 진나라가 천하를 통일한 후에 지은 이름이고 당시에는 진왕 정(政)이었으나 편의상 진시황이라 부르겠습니다. 이 진시황이 보니 한비자의 글이 천하의 명문일 뿐만 아니라 진나라에게 딱 필요한 정책을 담고 있었던 겁니다.

진시황은 한비자의 글을 극찬하면서 한비자를 만나고 싶어 했습니다. 그때 진나라의 재상으로 있던 사람이 한비자랑 동문수학했다고 알려진 이사였어요. 자, 고민을 해봅시다. 이사가 한비자를 불러야 할까요, 말아야 할까요? 부르면 안 되겠죠. 왜냐하면 이사가 전교 2등이라면 한비자가 전교 1등이거든요. 그러니 한비자가 오면 자신의 재상 자리가 위태로워지니 부르기가 껄끄러운 거죠. 그런데 왕이 명령을 내린 거예요, 한비자를 데려오라고.

이사는 할 수 없이 한비자를 불러내려고 짐짓 한나라를 침략할 것 같은 기세로 군사를 동원하여 한나라로 쳐들어갑니다. 어마어마한 군대가 갑자기 쳐들어오니 한나라는 겁을 먹었지요. 그때 진나라 부대는 한나라 성 앞에 서서 사신단 파견을 요청합니다. 전쟁 중에 파견되는 사신은 자칫 잘못하면 목숨을 잃을 수도 있기에 다들 주저하는데, 한비자가 나섭니다. 드디어 한비자가 사신단의 우두머리로 진시황을 만나게 됩니다. 진시황은 내심 굉장히 반가웠겠죠. 그런데 한비자는 진시황한테 잘 보이고 싶은 마음이 없었습니다. 자기는 한나라 사람이니까요. 자국의 존망이 위태로운 상황이었기에 자국을 보위하는 게 한비자의 첫 번째 목표였어요. 사신의 역할이 그것이기도 하고요.

진시황은 한비자를 극진히 대접하면서 이러저러한 의견을 묻습니다. "그대가 보기에 진나라가 어떻소?" 묻자, 한비자는 "다 좋은데 신하들이 멍청합니다."라고 답합니다. 이건 주변 신하들을 벌벌 떨게 할 대답이지요. 진나라 왕 앞에서 진나라 신하들이 멍청하다고 말하는 건 한비자 역시 죽을 각오를 하고 하는 이야기니까요. "무슨 얘기냐? 똑바로 말해보거라." 물으니까, 한비자가 대답합니다. "지금 한나라를 쳐들어오는 것은 패착입니다. 만약 명분 없이 한나라를 침략한다면 다른 나라들도 한나라가 당하는 것을 보고, 화가 자신들에게도 미칠까 봐 서로 연합군을 구성해서 진나라로 쳐들어갈 것입니다. 진나라가 한나라를 공격하기 위해 자신의 영토를 텅 비우고 있는 사이에 연합군의 공격으로 진나라도 망할 수 있습니다. 따라서 한나라를 공격하자고 제안했던 군사 이하의 신하들이 멍청한 것입니다." 진시황은 귀가 솔깃해집니다. 하지만 한비자의 의견을 받아들일 경우 진나라 신하들이 멍청했다는 것을 인정하는 꼴이 되지요.

그래서 진시황은 신하들에게 "저 인간을 어떻게 하면 좋을까?" 묻습니다. 그때 재상 이사가 "잠시 한비에게 자리를 비우라는 게 좋을 것 같습니다." 대답하고는 한비자가 물러간 사이에 "한비는 지금 우리나라를 위해서 혀를 놀려대는 게 아니라 자기 나라를 위해 혀를 놀리는 것입니다." 하고 말합니다. "그러면 어떻게 하면 좋겠소? 사신으로 왔으니 돌려보내야 하오?" 하는 왕의 물음에 이사는 이렇게 말합니다. "사신으로 왔으니 돌려보내야 하지만, 저 인간이 자신의 나라로 돌아가면 우리나라에 큰 위협이 될 수도 있으니, 이번 기회에 제거하시는 것이…." 이사의 의견에 진시황은 마지못해 승낙을 하지요.

그리고 이사는 한비자를 옥에 가둔 후, 한비자를 찾아가 몰래 독약을 가져다줍니다. 어차피 처형을 당하게 생겼으니 명예로운 죽음을 택하라는 것이죠. 옛날에는 왕족 같은 사람들은 남에 의해 죽느니 스스로 목숨을 끊는 것이 명예롭다고 생각했거든요. 그래서 네로 황제의 스승인 세네카의 경우도 황제가 죽이려 하자 미리 독약을 마셨고요. 이집트의 여왕 클레오파트라도 체포되기 직전에 독사에 물려 스스로 목숨을 끊었지요. 한비자 역시 마찬가지로 결국 자신의 웅지도 펴보지 못한 채 감옥에서 독약을 먹고 자결합니다. 비참한 죽음이죠.

칼자루 위에서 추는 춤

한비자의 비참한 죽음에 비해, 희한하게도 유가나 묵가, 도가 사상가들은 비참한 죽음을 맞이한 사람이 별로 없습니다. 다 늙어 죽지요. 그런데 법가 사상가들은 비참하게 죽은 사람이 많아요. 임금에게 칼을 쥐어주는 사람들이 바로 이들이기 때문입니다. 다른 사람들은 아플

때 약을 지어주는 사람들이라면 이 사람들은 칼을 쥐어주는 사람들입니다. 그런데 그 칼은 바로 자신에게도 겨눠질 수 있는 것이죠. 그럼에도 임금을 보필해야 했기에 그들에게 칼을 주어야만 했던 사람들이 바로 법가 사상가들입니다.

한비자도 비참하게 죽지만, 상앙(商鞅, 기원전 395~338년)이란 사람도 비참하게 죽습니다. 그는 위나라의 귀족 출신이었는데, 자신의 뜻을 펼치고자 진나라로 와서 당시 약소국이었던 진나라를 강력하게 만든 재상이었습니다. 그의 철저한 개혁 정책은 법가 사상에 기초한 것이었습니다. 다섯 집을 한 단위로 묶어 납세와 징병을 관리하는 오가작통법을 실행하고, 백성의 삶이 나아지도록 농업 개혁 정책을 추진했지요. 법령으로 세워진 것은 귀족이라 할지라도 반드시 따르도록 했고, 이를 어길 시 신분 여하에 관계없이 처벌했습니다. 심지어는 태자가 법을 어기자, 그의 스승을 잡아다 잘못 가르친 죄를 물어 코를 베어 버리는 형벌을 내릴 정도였지요. 그렇게 철저하게 개혁 정책을 실시하던 상앙도 자신을 지지하던 진효공이 죽은 후 태자인 혜문왕이 왕위에 오르자, 그동안 숨죽이고 있었던 귀족들과 측근들의 탄핵을 받아 팔다리가 묶이고 사지가 잔인하게 찢기는 거열형을 당합니다. 한편 《오자병법》으로 유명한 오기(吳起, 기원전 440?~381년)도 상앙과 같은 운명을 걷게 됩니다. 그는 노나라, 위나라, 초나라 등을 돌아다니며 많은 공을 세우고, 높은 지위에 오르지요. 마지막에 초나라에서 재상의 지위에 올라 철저한 개혁 정책으로 법치를 실행하는데, 이에 불만을 품은 구 귀족 세력에게 미움을 사, 오기를 지원하던 초왕이 죽자 화살에 맞아 피살되고 맙니다.

법가 사상가들의 비참한 죽음은 어쩌면 그들이 실천한 철저한 개혁 정치 때문일지도 모릅니다. 당시 귀족들은 초법적 존재로 대우받았었는데 법가 사상은 그러한 초법적 대우를 받는 존재를 없애고, 법을 공평하게 집행하는 것을 기본 정신으로 삼고 있으니까요. 그러니 기득권자들의 불만은 당연지사였습니다. 법가 사상가들은 자신을 지지해 주는 군주가 죽게 되면, 그와 더불어 자신도 죽을 수밖에 없는 운명인 거지요.

피렌체의 유능한 외교관, 마키아벨리

이번에는 마키아벨리(Niccolò Machiavelli, 1469~1527년)에게로 가볼까요. 마키아벨리는 1469년 이탈리아 피렌체에서 태어났습니다. 부유하게 태어나지도 않았고, 학교를 다녔다는 기록도 없지요. 마키아벨리는 가난하게 태어나 독학을 했지만 욕망은 강한 사람이었습니다. 피렌체 공화국에서 높은 지위까지 올라가려는 권력 지향적인 사람이었죠. 물론 그만한 실력도 있었고요. 르네상스를 이야기할 때 늘 등장하는 메디치 가문이 피렌체의 중심 가문이어서, 마키아벨리는 메디치 가문 쪽에 줄을 섭니다. 그래서 메디치 가문에 협력을 하게 되지요. 메디치 가문은 프랑스와 긴밀한 관계를 맺습니다. 약소국이기에 강대국과 친교를 맺어야 한다는 생각을 하고 있었지요.

　메디치 가문의 이러한 외교 정책은 복잡한 정치 상황 속에서 가문을 몰락시키기도 하고 다시 부활시키기도 하는 변수로 작용합니다. 예를 들어 전쟁이 일어나지 않을 때는 아무 문제가 없지만, 피렌체 공화국이 프랑스와 전쟁할 때에는 친 프랑스파인 메디치 가문은 힘이 줄어들 수밖에 없습니다. 그러한 부침에 따라 메디치 가문과 함께 했던 마키아벨리도 운명이 함께 왔다 갔다 하게 되고요. 희한하게도 마키아벨리는 메디치 가문이 몰락할 무렵에 공직 생활을 했습니다.

　마키아벨리는 문서 정리와 외교 능력이 뛰어났습니다. 그래서 그는 피렌체 공화국 10인 위원회의 서기장도 되고요. 외교 사절로 여러 외국 군주들을 만날 기회도 잡게 됩니다. 그러면서 엄청나게 많은 고위 관료들을 보는데 그 중에 마키아벨리의 눈에 띄는 사람이 하나 있었습니다. 그게 바로 체사레 보르자(Cesare Borgia, 1475~1507년)였지요. 체사레 보르자는 《군주론》의 주인공이라 할 만한 사람입니다. 무자비하고 거짓말도 잘했습니다. 승리를 위해서라면 백 번이고 천 번이고 거짓말을 할 사람이었지요. 공포 정치를 펼쳐 강력한 힘으로 주변 나라들을 침략했습니다. 보통 사람들의 눈으로 보면 폭군이죠. 그런데 마키아벨리는 체사레 보르자를 보며 '지금 이탈리아에 필요한 사람이 저런 사람 아닐까?' 하는 생각을 합니다.

당시 이탈리아는 통일된 나라가 아니었습니다. 이탈리아는 로마의 교황령을 포함하여 각기 분열된 형태로 느슨하게 결합되어 있었지요. 개별 공화국들은 강력한 힘도 없고, 외침이 들어오면 방어도 잘 못해 냈습니다. 심지어는 당시 이탈리아는 기본적인 상비군조차 없었지요. 그러니 전쟁이 나면 돈으로 용병을 사서, 그들에게 전쟁을 시켜야 했습니다. 외국 군대나 야만인들을 사들여 전쟁을 대신 치르게 하는 것이었지요. 문제는 용병들이 이중 계약을 하는 경우였습니다. 실제로 그런 일이 잦았습니다. 가령 저쪽 나라와 싸우라고 만 원씩 주고 용병을 샀는데, 저쪽 나라에서 2만 원을 부르게 되면 이탈리아를 위해 싸우던 용병들의 무기가 갑자기 다시 이탈리아를 향하는 경우도 있었다는 거죠. 용병들은 국가가 없으니 단순히 돈을 많이 주는 쪽에 서게 되어 있거든요. 그러다 보니 이쪽에서 만 원을 받는 동시에 저쪽에서 2만 원 받고, 이쪽에서 볼 때는 공격하는 척하다가 저쪽에서 보면 또 저쪽에서 공격하는 척하며 3만 원을 챙기는 일도 다반사였습니다. 그러니 다른 나라 사람들에 의해 자국의 국방을 맡긴다는 것은 말이 안 되는 것이었습니다.

그런데 체사레 보르자는 다른 나라 사람을 용병으로 쓰는 게 아니라 민병대를 구성합니다. 자신의 영토에서 군인을 모아 훈련시킨 후 자국 군대로 하여금 공국을 지키게 했습니다. 용병은 지면 도망가버리면 되지만, 거기 살던 사람들은 땅을 빼앗기면 삶의 터전을 잃게 되는 것이라 죽기 살기로 싸웠거든요. 게다가 당연히 용병이 이길 줄 알았던 싸움도 민병대가 승리를 쟁취하기도 했습니다. 삶의 거주지를 지켜야 하니까요. 그래서 마키아벨리도 민병대를 조직하여 자국의 힘으로 국방을 지켜내고자 했던 것입니다. 마키아벨리는 속으로 '이렇게 이탈리아를 통일시킬 수만 있다면 얼마나 좋을까' 하는 희망을 가지게 되었습니다. 문제는 체사레 보르자가 오래 살지 못했다는 것입니다. 마키아벨리는 체사레 보르자가 통일된 이탈리아의 강력한 군주로 성장하기를 바랐지만, 그 기대와는 정반대로 너무 일찍 죽어버렸어요.

근대 정치의 모델 《군주론》

외국 사절의 경험을 바탕으로 피렌체 공화국의 제2재무성 장관까지 역임했던 마키아벨리는 메디치 가문과도 일정한 거리를 두고 정치 활동을 해 나갑니다. 그러다 1513년 스페인의 침공으로 피렌체 공화국이 무너지고 메디치 가문이 피렌체의 지배권을 회복하자, 마키아벨리를 공직에서 추방해버립니다. 그래서 그는 정치에 복귀하고자 메디치 가문에 바치는 《군주론》을 저술하게 되었습니다. 마키아벨리는 《군주론》에 이탈리아를 강력하게 만들 온갖 정치적 방책들을 수록하지요. 하지만 메디치 가문에서는 이 책을 완전히 무시해버립니다. 오히려 메디치 가문에 대한 반란 혐의로 투옥시키죠. 교황의 특별 사면이 아니었다면 한비자처럼 감옥에서 생애를 마쳤을지도 모릅니다. 감옥에서 나온 마키아벨리는 공화주의자들의 모임에 참여하여 《로마사 논고》를 쓰고, 1527년 정계에 복귀하지 못한 채 결국 죽게 됩니다.

《군주론》에 나오는 마키아벨리의 정치적 디자인은 지금까지 한 번도 실험해본 적이 없는 모델이었습니다. 메디치 가문은 몰락했으나 《군주론》은 살아남아서 그 후 많은 사람들에게 격렬한 논쟁의 대상이 되지요. 왜냐하면 당시의 정치학 책은 대부분 종교를 끼고 있었고, 기본적으로 하느님을 중심에 놓고 하느님의 뜻에 따라 정치를 했거든요. 또는 하느님까지 들먹거리지 않더라도 최소한 인륜, 인간의 보편적인 정서에 기초한 정치를 이야기했습니다. 하지만 마키아벨리는 신학이나 윤리학을 정치학의 배색으로 깔지 않았습니다. 마키아벨리는 종교도 윤리도 도덕도 제거한 '권력 그 자체'가 어떻게 형성되고, 어떻게 유지되고, 어떻게 작동하는지를 냉정하고도 현실적인 시각으로 바라보았습니다.

근대 사회는 종교가 거의 힘을 발휘하지 못하는 세계이지요. 우리는 아직까지도 유교적 냄새가 남아 있어 지도자가 도덕적이기를 바랍니다. 착한 대통령을 바라는 거죠. 정치가가 착하다는 것은 모순입니다. 정치가는 어떤 면에서는 바늘로 찔러도 피 한 방울 안 나올 것 같은 사람이 하는 일입니다. 거기에 도덕적 잣대를 들이밀 순 없지요. 문제는 국민이 그 정치가의 정치 행위가 결국 국민에게 올바른 방식으로 귀결되느냐 아니냐 하는 것을 판단해야 한다는 것입니다. 그런데도 우리는 끊임없이 정치가를 뽑을 때 이혼을 했느니, 혼자 사느니, 바람을 피우고 있다느니 하는 소문에 귀 기울이고 수상한 낌새만 보여도 그 정치가를 선택하지 않습니다. 아직도 정치가에게 도덕적인 잣대를 들이미는 것이죠.

마키아벨리의 군주론에는 그런 도덕적 잣대, 윤리적 잣대가 없습니다. 어떻게 군주가 만들어지고 어떻게 권력이 확산되는지, 그리고 권력을 통해서 어떻게 강력한 나라를 만들 수 있는지에 대해서만 서술합니다. 정말 흥미진진한 책이지요. 도덕과 윤리가 없는 책 보셨나요? 착하게 살자는 메시지가 없는 책, 그게 바로 마키아벨리의 《군주론》입니다. 이 점은 한비자 역시 마찬가지입니다. 《한비자》 역시 착하게 살자는 도덕론이 없어요. 엄격한 현실 속에서 어떻게 군주가 자기 권력을 유지할 수 있는지에 대해서만 서술한 책이지요. 그런 의미에서 한비자의 책도, 마키아벨리의 책도 지나치게 군주 중심적입니다. 그렇지만 당시 중국에는 거대한 제국을 건설해야 한다는 임무가 있었고, 이탈리아에는 분열된 이탈리아를 통일시켜야만 하는 임무가 있었다는 것을 생각해봐야 합니다. 그래서 두 지식인은 거대한 제국 건설, 또는 이탈리아의 통일이라는 엄청난 임무 속에서, 어떠한 도덕적 잣대도 들이밀지 않고 냉철한 현실주의자의 입장에서 방책을 고민하고 써내려간 것이지요. 그것이 한편에서는 기원전 300년경의 《한비자》로 태어나고, 다른 한편으로는 1,500년경의《군주론》으로 태어난 것입니다. 그렇기에 이 두 책은 각각 읽어도 재미있지만 비교하며 읽어도 굉장히 흥미롭습니다. 그럼 두 책을 한번 비교해 볼까요?

한비자와 마키아벨리의 '동물'

이제껏 마키아벨리와 한비자의 시대적 상황과 생애에 대해 살펴봤다면, 앞으로는 둘의 사상이나 책에 들어 있는 핵심 개념을 중심으로 살펴볼까 합니다. 먼저 동물에 관한 이야기부터 시작해 보겠습니다.

"이빨 빠진 호랑이는 개에게 당한다."

《한비자》에는 호랑이와 개가 등장합니다. 호랑이가 개보다 강한 이유는 강한 이빨, 강한 발톱이 있기 때문이지요. 만일 호랑이가 이빨이 빠지고 발톱이 빠졌다면 언제든지 개에게 당할 수 있습니다. 여기서 호랑이는 뭐고 개는 뭘까요? 호랑이는 군주, 개는 신하지요. 한비자는 한 나라의 왕자였습니다. 적장자는 아니지만 왕실 측근이에요. 왕실 측근이면 왕가가 어떻게 당하는지를 곁에서 보고 자랐을 겁니다. 실제로 한비자도 왕에게 접근하려 했지만 가장 측근의 신하들이 상소를 중간에 차단해버리는 등 군주의 귀와 입을 막는 행동을 했지요. 한비자는 이런 사태를 보고 한 나라가 망하는 과정을 몸소 깨닫습니다. 나라는 외부의 적에 의해서 망하는 것이 아니라 내부에 있는 개들 때문에 망한다는 생각을 하게 되지요.

당시 임금의 지위는 바람 앞에 등불 같은 존재였습니다. 왕이 절대적 권력을 가지지 못했지요. 왕의 권력을 신하에게 나눠주면, 신하들은 그 권력으로 왕을 보필하는 것이 아니라, 자신의 권력을 더욱 확대하는 데 사용하다가, 심지어 왕의 자리까지 노리는 일이 다반사였습니다. 실제로 노나라의 경우도 왕보다는 그 아래 세 명의 대부들이 실세를 잡고 다스렸어요. 그래서 공자가 노나라 왕권을 강화시키기 위해 세 명의 대부들을 견제하려고 노력했지만 결국 실패해 쫓겨나고 말지요. 제(齊)나라 같은 경우도 대부 중 하나가 제나라의 군주를 죽이고 왕의 자리를 차지합니다.

한 나라의 왕이 자신이 위태롭다는 사실을 모르고 자기와 친한 측근들에게 권력을 계속 나눠주는 것은, 호랑이가 이빨을 뽑아 개한테 하나씩 꽂아주는 격입니다. 그러다 보면 호랑이 이빨은 다 없어지게 되고, 호랑이 이빨을 갖게 된 개는 더 이상 개가 아니며, 결국 이빨 빠진 호랑이를 물어 죽이는 사태가 일어나게 되지요. 그래서 군주의 권력은 절대로 나누어주면 안 된다는 것이 한비자의 생각이었습니다. 한비자의 아이디어는 철저하게 군주 중심의 마인드였습니다.

그럼 어떤 식으로 이 개 같은 신하들을 다스려야 하느냐, 군주는 두 개의 칼자루를 쥐어야 한다고 생각했습니다. 그게 바로 '칼자루 병' 자를 써서 두 개의 칼자루라는 뜻의 이병(二柄)이에요. 첫 번째 칼자루가 형(刑)입니다. 형벌. 잘못하면 반드시 처벌하는 칼자루지요. 두 번째 칼자루는 덕(德)이에요. 잘한 자에게는 반드시 상을 준다는 것입니다. 상(賞)과 벌(罰), 이 두 개의 칼자루를 정확히 구분해서 상을 줘야 할 때 정확히 상을 주고, 벌을 줄 때는 정확히 벌을 주는 거죠.

이런 사례가 있습니다. 어느 추운 날 왕이 서재에서 잠을 자고 있었어요. 왕의 모자를 관리하는 신하가 왕이 떨고 있는 모습을 보고 이부자리를 챙겨 덮어드렸습니다. 아침이 되어 왕이 "누가 나에게 이불을 덮어줬느냐?" 묻지요. 모자를 관리하는 신하가 "제가 했습니다." 답했습니다. "그럼 이부자리 관리하는 사람은 어디에 있었느냐?" 하는 왕의 물음에 신하가 "글쎄, 잘 보지 못했습니다."라고 답하자 왕은 두 신하 모두에게 벌을 내립니다. 이부자리를 관리하는 자는 이부자리를 안 챙겨서 벌을 받고, 모자 관리하는 신하는 이부자리에 손을 댔으니 월권이라는 것이지요. 좀 무시무시하죠?

또 이런 경우도 있었습니다. "이번 공사를 어떻게 해결하겠느냐?" 왕이 묻죠. 그러자 어떤 신하가 "제가 6개월 만에 해결하겠습니다." 하고 약속합니다. 그런데 이 신하가 열심히 일해 4개월 만에 공사를 마치고 돌아옵니다. 그러면 처음에 말한 것과 실제로 행한 것을 비교한 후, 더 빠르게 잘했어도 처벌을 합니다. 왜냐하면 시간을 더 단축할 수 있었는데 계획을 길게 잡았다가 다시 단축한 거라고 보아, 군주를 속인 죄를 벌하는 것입니다. 그러니 이 칼자루는 아주 잔인한 칼자루입니다. 군주가 칼자루를 쥐고 있다는 사실을 알게 되면 그 밑에 있는 자들은 감히 이빨을 드러낼 수가 없죠. 먹이를 줄 때는 굉장히 사랑스러운 사람처럼 보이지만, 칼을 휘두를 땐 언제든지 목을 칠 수 있는 사람이라는 것을 보여주는 군주가 유능한 군주라는 거예요. 군주는 항상 상과 벌이라는 두 개의 칼자루를 쥐어야 하며, 그것을 분명하게 시행해야 된다고 한비자는 주장합니다.

마키아벨리의 군주론에도 유사한 비유가 등장합니다.

"군주는 여우와 사자를 동시에 모방해야 합니다. 사자는 함정에 빠지기 쉽고 여우는 늑대를 이길 수 없기 때문입니다. 함정을 만나면 여우처럼 되어야 하고, 늑대를 물리치려면 사자가 되어야 합니다."

군주는 사자가 되기도 해야 하지만 여우가 되기도 해야 합니다. 사자는 용맹스럽지만 교활하지가 않지요? 여우는 교활하지만 용맹스럽지는 못해요. 여우는 늑대를 만나면 지고, 사자를 만나면 이깁니다. 그럼 군주는 어떨까요? 늪을 만나면 늪에 빠지지 않도록 여우처럼 피해 나와야 하고, 늑대를 만나면 물어 죽일 수 있을 사자의 힘이 있어야 합니다. 그래서 군주에게는 사자와 여우 두 가지의 능력이 있어야 하는 것입니다.

물론 이때 마키아벨리는 늑대에 다른 나라, 다른 경쟁자들까지 포함하여 언급했지만 두 가지의 능력을 가지고 있어야 한다는 점과 동물적 비유를 사용했다는 점에서 서로 비교할 거리가 되지요.

한비자가 생각하는 군주의 덕목 : 세, 법, 술

한비자는 법가의 집대성자라고 불립니다. 법가 사상은 크게 세 가지 특징을 가지고 있습니다. 그게 바로 세(勢), 법(法), 술(術)입니다.

술(術)은 그야말로 통치 기술입니다. 이때 기술이라고 하는 것은 요즘으로 치면 국정원 같은 역할을 말합니다. 신하들과 주변의 동정을 정확히 잡아내는 정보, 그래서 신하를 꼼짝달싹 못하게 하는 기술을 가지고 있어야 한다는 것이죠.

그 다음은 법(法)이 있어야 한다고 생각했어요. 이건 굉장히 진보적인 측면입니다. 당시에 법을 제정하는 것은 백성을 위해 제정하는 게 아니었습니다. 말 잘 듣는 백성과 강력한 군주, 부국과 강병을 위해서 법을 제정하는 것이었지요. 진나라 초기에 상앙은 선비는 공부만 해야 되고 농민은 농사만 지어야 한다는 정책을 펼쳤습니다. 상인과 공인들은 일정한 장소에서 물건을 만들고 팔아야 했고 이것을 어기면 처벌을 받았지요. 농민이나 상인, 공민들 중에서 실력이 뛰어난 사람은 선비 계급으로 추천하는데 추천을 잘 못해도 처벌을 받았습니다.

비록 선비이지만 선비로서의 능력을 발휘하지 못하면 밑의 계급으로 떨어질 수 있었습니다.

또한 상앙은 '오가작통법'이라는 제도를 만들어 다섯 집을 하나로 묶어 납세와 징병의 단위로 만들기도 했습니다. 평소에는 농사를 짓다가 전쟁이 나면 가족 단위로 한 명씩 차출하지요. 그 사람이 죽으면 또 다른 한 명이 차출됩니다. 이러한 제도를 병농일치(兵農一致)라 하는데 평소에는 농사를 짓다가 전쟁 시에는 군사가 되는 제도였습니다. 굉장히 엄격했지요. 물론 그렇게만 하면 원성이 자자할 테니 땅도 넓혀주고 개간도 하게 해주었습니다. 소출이 많아지고 부유해지겠죠. 그러면 세금을 좀 더 걷는 겁니다. 물론 농민들에게 더 많은 혜택이 가도록 해주는 선에서요. 그러면 부는 축적이 되고, 충성도 하고, 나라도 점점 커지게 됩니다. 물론 처음부터 백성을 염두에 두었다기보다는 '어떻게 하면 군주가 세금을 많이 거둘 수 있나, 어떻게 하면 백성들을 정확히 컨트롤해서 나라의 권력 하에 둘 것인가' 하는 목적에서 법을 만든 것이고요.

흥미로운 점은 법가가 이야기하는 법은 당시에는 굉장히 혁신적이었다는 것입니다. 왜냐하면 법가 이전의 법은 평민들에게만 적용되었거든요. 귀족들에게는 법이 적용되지 않았지요. 쉽게 말하면 왕, 공, 대부, 이 귀족층은 잘못을 해도 법이 아니라 예(禮)로 다스려야 했습니다. 예라는 것은 형벌이 아닙니다. "이제부터는 그러지 마." 하는 경고

일 뿐이지요. 사, 농, 공, 상, 그리고 노비 이런 계급은 두말할 것 없이 형(刑)으로 다스려왔습니다. 하지만 법가의 법은 그게 아니에요. 군주조차도 지켜야 하는 법이었습니다.

앞에서도 살짝 언급했습니다만, 진효공 시절에 상앙이 법을 만들었는데 태자가 그 법을 어긴 일이 있었습니다. 왕위를 계승할 태자를 죽일 수는 없으니 태자의 시중을 죽이고, 태자의 스승이자 효공의 형인 건의 코를 잘라버렸어요. 이런 형벌을 의형(劓刑)이라고 합니다. 이후 코가 베인 건은 완전히 은둔해버리지요. 이렇게 다음 왕위를 계승할 태자도 법을 어기면 처벌을 받는데 그 밑에 있는 사람들이야 말할 것도 없죠. 모두가 철저히 법을 지켰습니다. 옛날 귀족들은 법 위에 있었거든요. 그런데 법가의 법은 귀족들은 물론 왕까지, 누구나 다 지켜야 하는 것이었습니다. 그럼 누구의 반발이 가장 컸을까요? 당연히 귀족들의 반발이 가장 컸습니다. 그래서 법가는 항상 칼자루 위에서 춤추는 것 같은 느낌이었습니다. 법가는 일개 신하에 불과하고 귀족은 힘이 더 세고 더 높은 신분이었으니까요.

상앙이 섬기던 효공이 죽자 그다음 태자가 왕위를 계승하여 혜문왕이 됩니다. 상앙에게 치욕을 당했던 태자가 이제 왕이 되었으니 상앙을 어떻게 했겠어요? 잡으려 했겠지요. 그 소식을 들은 상앙은 진나라에서 벗어나려고 도망을 갑니다. 밤이 어둑어둑해져 더 이상 이동이 힘들어진 상앙은 겨우 어느 여인숙을 찾아 문을 두드리죠. "여보쇼,

들어갑시다." 했더니 여인숙 주인이 "누구요? 민증을 보여주쇼." 하는 겁니다. 이 신분 확인법은 상앙이 만든 법이었습니다. 여인숙에도 아무나 들이지 말고 반드시 신분을 확인하고 등록한 후에 들이라는 것이었죠. 그런데 지금 상앙은 도망자 신세였으니 신분을 밝히면 죽은 목숨이었습니다. 결국 "내가 만들어 놓은 법이 나를 잡는구나." 하며 체포되지요. 그러고는 사지가 말에 찢겨 죽는 거열형을 당합니다. 이처럼 자기가 만들어 놓은 법에 자기가 죽임을 당하기도 하는 게 법가의 법이었습니다.

법이라는 칼을 휘두르려면, '권세'라는 강력한 힘이 있어야 합니다. 제나라 제상 신도(愼到, 기원전 395~315년)가 세(勢)를 강조했고, 진나라 재상 상앙(商鞅)이 법을 강조했고, 한나라의 명재상 신불해(申不害, 기원전 420?~337?년)가 술을 강조했다면, 한비자는 이 모든 것들을 통합해야 군주가 통치할 수 있다고 생각했습니다. 법가 사상의 집대성자답죠.

그중에서도 특히 한비자가 강조했던 것은 세(勢)였습니다. 세력이라는 말이지요. 예를 들어 어느 높은 산꼭대기에 나무가 한 그루 있다고 해봅시다. 이 나무는 산꼭대기보다 1미터라도 더 높은 나무죠? 군주가 바로 이런 존재라고 했습니다. 군주에게 세가 있다는 것은 그가 평지에 있지 않고 저 높은 곳에 있기 때문이라는 것이지요. 그래서 무서운 겁니다. 만약 평지에서 군주가 동네 깡패를 만나 맞붙기라도 한다면 질 게 뻔합니다. 그러나 권력의 제일 위, 저 높은 곳에 군주가 있다면, 동네 깡패는 군주의 얼굴도 볼 수가 없습니다. 이게 바로 세(勢)입니다. 이 세를 놓치면 모든 것을 놓친다고 생각했던 것이지요. 한비자의 생각입니다. 《한비자》의 문장 하나 볼까요.

"짧은 것이 높은 데서 내려다 볼 수 있는 것은 위치 때문이며, 어리석은 자가 어진 이를 통제할 수 있는 것은 세(勢) 때문이다."

자, 여기서 재미난 게 있습니다. 유학자들은 자기가 모시는 임금이 성군(聖君)이 되기를 바랐습니다. 성군이라는 것이 뭘까요? 모든 사람을 사랑하고 세상의 이치를 다 깨달은 사람을 말하지요. 유학자가 원하는 성군이 되려면, 엄청난 공부와 수양을 해야 하고, 똑똑하면서 씩씩하기까지 해야 합니다. 그런데 그런 대단한 사람을 찾아 왕을 시키는 게 아니라 왕의 자식 중에서 새로운 왕이 나오는 것이지요? 그것도 적장자가 왕이 될 가능성이 높겠죠? 하지만 왕자가 되는 이가 엄청나게 똑똑하고 공부도 많이 하면서 품성까지 갖추고 있을 가능성은 거의 없습니다. 유학자들은 이처럼 성군의 가능성이 희박한 왕세자를 성군으로 만들려고 엄청난 노력을 해야 했습니다.

유학자들이 꿈꾸는 왕은 성군, 인간 중의 최고, 더 베스트 오브 베스트 인간입니다. 묵가도 마찬가지지요. 묵가 역시 모든 백성을 사랑하기 위해서 가장 위대한 임금이 되기를 바랐습니다. 이건 하늘의 별따기예요.

하지만 한비자는 이렇게 생각했습니다. 똑똑한 사람이 왕이 되는 게 아니다. 착한 사람이 왕이 되는 것도 아니다. 왕도 평범한 사람이다. 왕에게 엄청난 지식과 엄청난 능력을 요구하지 마라. 왕이 될 수 있는 것은 능력이 아니라 세(勢) 덕이다. 왕 중에서도 정말 나쁜 왕의 대표격인 걸왕, 주왕이 나오는 것도, 요순처럼 아주 뛰어난 임금이 나오는 것도 모두 하늘의 별따기죠. 그러니 보통 사람이, 심지어는 어리석은 사람이 왕이 된다고 생각을 하자는 것입니다. 그런데 어떻게 어리석은 왕이 어진 사람을 선발할 수 있을까요? 바로 그가 가진 위치, 높이, 세 때문입니다. 그렇기에 군주는 자기의 권력, 세를 절대 놓쳐서는 안 됩니다.

켄타우로스로서의 군주

마키아벨리도 비슷한 이야기를 했습니다. 지도자상을 이야기하며 켄타우로스를 예로 듭니다. 켄타우로스는 반인반마(半人半馬), 반인반수, 인간 반쪽 동물 반쪽인 종족을 말합니다. 인간에게는 지혜가 있고, 동물에게는 힘이 있습니다. 또한 인간에게는 뭔가를 만들어낼 수 있는 능력이 있고, 동물은 뭔가를 만들어내지는 못하지만 추진력이 있지요. 《군주론》에 이런 이야기가 나옵니다.

"싸움에는 두 가지 방법이 있습니다. 하나는 법에 의지하는 것이고,

두 번째는 힘에 의지하는 것입니다. 첫 번째 방법은 인간에게, 둘째 방법은 짐승에게 합당한 것입니다. (…) 따라서 군주는 모름지기 짐승의 방법과 인간의 방법을 모두 이용할 줄 알아야 합니다."

한비자가 세, 법, 술을 이야기했다면, 마키아벨리는 세와 법을 이야기합니다. 한마디로 군주에게는 파워가 있어야 한다고 말하지요. 그런데 마키아벨리는 왕의 파워가 반드시 법에 의해 통제되는 파워여야 한다고 말합니다. 그렇지 않고 임금의 덕성, 자질, 능력에 의해 성군이 나온다면 좋은 나라가 되고, 칠칠치 못한 놈이 나오면 나쁜 나라가 되는 것은 안정적이지 않다는 것이죠. 어떤 왕이 나오더라도 잘 돌아가게끔 통제할 수 있는 시스템과 법을 갖춰놓으면 된다고 생각했습니다. 뛰어난 임금이 필요 없는 사회, 그걸 상상한 거예요. 재미난 아이디어죠.

한비자와 마키아벨리의 인간관, 욕망하는 존재

한편 한비자와 마키아벨리는 기본적으로 인간을 '욕망을 추구하는 존재'로 보았습니다. 인간의 본성은 자기에게 이익이 되는 것을 추구하는 것이라고요.

맹자는 이러한 입장에 반대했죠. 맹자가 본 인간은 인의예지(仁義禮

智)라는 아주 착한 본성이 있어서 그 본성을 잘 발현하는 것이야말로 인간됨의 길이라 여겼습니다. 성선설이죠.

반면 순자가 본 인간은 욕망을 가진 존재이기 때문에 욕망을 따라 살면 반드시 어지러운 사회가 된다고 생각했습니다. 인간이 가진 욕망을 잘 다스려서 예의가 있는 사회로 만들어야 한다고 주장했고, 그러기 위해서는 교육과 법이 필요하다고 했지요. 순자는 유가 쪽에 있는 사람이지만 유가 중에서도 살짝 법가 쪽으로 기운 사람입니다. 순자는 철저한 현실주의자였거든요. 유가의 마지막 스승인 순자에게서 한비자와 같은 법가 사상의 총 집결자가 나오게 되는 거죠. 법가는 유가를 반대해서 나온 것인데 그걸 집대성한 사람의 스승이 유가라는 게 놀랍습니다.

한비자는 유가만, 그러니까 순자의 성악설과 같은 면만 계승한 것이 아니라, 노자도 계승합니다. 《한비자》에 순자는 한 줄도 안 나오지만 노자의 《도덕경》은 세 개의 장에 걸쳐서 해석되어 있거든요. 법가식으로 해석한 노자가 《한비자》 속엔 있습니다. 어찌되었든 한비자는 왕을 포함한 인간은 본질상 자기 욕망에 따라 살아갈 수밖에 없는, 굳이 그렇게 나쁜 것도, 굳이 그렇게 착한 것도 없는 평범한 존재라고 말합니다. 거기에다 윤리적인 잣대를 들이미는 것은 옳지 않다고 보았고요. 평범한 우리가 법에 따라 살면 상을 받고, 법을 어기면 벌을 받는 사회가 되도록 만드는 게 가장 강력하고 아름다운 나라라고 생각했지요. 저는 한비자의 이러한 태도가 오히려 현실을 명징하게 분석할 수 있는 태도라고 생각합니다.《한비자》에는 이런 이야기가 나옵니다.

"수레를 만드는 사람은 사람들이 부귀해 지기를 바란다. 관을 만드는 사람은 사람들이 일찍 죽기를 바란다. 그것은 수레를 만드는 사람이 자애롭고, 관을 만드는 사람이 잔혹해서가 아니다. 부귀하지 않으면 수레가 팔리지 않고, 죽지 않으면 관이 팔리지 않기 때문이다. 즉, 관을 만드는 사람이 마음속으로 남을 미워해서가 아니라, 사람의 죽음에 의해 이익이 생기기 때문이다."

수레를 만드는 사람은 요즘으로 말하자면 자동차 판매원이죠. 외제차를 팔기 위해서는 차를 사려는 사람들이 돈이 많아야겠지요? 그렇다면 사람들이 부자가 되기를 바랄 겁니다. 그런데 정말 바라는 것이 그것뿐일까요? 차를 팔아 자기가 부자가 되길 바라는 것이겠죠. 관을 짜는 사람은 사람들이 죽기를 바라겠지만 본성이 나빠서 그런 걸까요? 나쁜 게 아니라 누군가가 죽어야지만 자기가 먹고 살 수 있으니 그런 거지요. 겉으로 보기엔 아주 다른 형태로 나타나지만, 그 속을 보면 자기의 욕망, 욕심이 동일하게 존재합니다. 그 욕망을 잘 이용하는 게 정치입니다.

인간을 '이익을 추구하는 존재'로 보는 시각은 마키아벨리의《군주론》에서도 확인할 수 있습니다. 마키아벨리도 이렇게 말했어요.

"인간이란 은혜를 모르고 변덕스러우며 위선적인 데다 기만에 능하며 위험을 피하려 하고 이익에 눈이 어둡습니다. 당신이 은혜를 베푸는 동안 사람들은 모든 충성을 바칩니다. 그렇지만 정작 당신이 그러한 것들을 필요로 할 때, 그들은 이익이 되지 않으면 등을 돌립니다."

쉽게 말해 돈 많을 때 친구는 친구가 아니라는 이야기입니다. 경제적으로 힘들어져서 돈이 좀 필요할 때는 연락이 되지 않을 수 있다는 겁니다. 정말 나빠서 그러는 게 아니라 보통 사람은 다 그렇다는 거예요. 그걸 나쁘다 좋다 말하지 말고, 그렇게 될 수밖에 없는 것이라고 받아들이자는 거지요.

그런 의미에서 성악설이라는 것은 사람이 이익에 따라서 선택할 가능성이 높다는 것이지, 본질적으로 악하다는 이야기는 아닙니다. 인간은 누구나가 다 자기에게 이익이 되는 것을 원하지, 손해가 되는 것을 원하지 않잖아요. 따라서 "어떻게 친구가 그럴 수 있어?" 하고 말하는 것은 공자적인 아이디어지, 한비자나 마키아벨리적인 아이디어는 아닙니다. 친구도 충분히 그럴 수 있어요. 이익이 되지 않으면 친구도 등을 돌릴 수가 있다는 이야기죠.

만약 '인간이 참으로 선하다'는 생각만 가지고 있다면 선하지 않은 모습을 보고 얼마나 절망하겠어요. 또는 '인간은 아주 악하다'는 관점에서만 접근한다면, 누가 착한 일을 해도 무슨 꿍꿍이가 있는 건 아닌지 쉽게 의심하지 않을까요? '인간은 선할 수도 악할 수도 있으며, 자기 이익을 따라가는 존재'라는 현실적인 관점을 갖고 있다면 우리는 그것에 맞추어 현명하고 지혜롭게 살아갈 수 있을 겁니다.

군주의 통치술, 무위지치

자, 그러면 평범한 인간이지만 높은 지위를 차지한 군주는 어떻게 통치해야 할까요? 한비자는 아무도 군주의 마음을 모르게 하라고 말합니다. 《한비자》를 살펴봅시다.

"현명한 군주가 힘써야 할 일은 비밀을 철저히 지키는 것이다."
"군주는 권력을 보이려고 하지 말고, 조용히 아무 일도 하지 않아야 한다."

'모르게 하라'는 노자의 아이디어지요. 노자 이전에 《손자병법》에 나오는 말입니다. 내가 적에 대해서 많이 알수록, 한편 적은 나에 대해서 모르면 모를수록, 내가 적을 이길 가능성은 더 높아집니다. 생각해 보세요. 게임을 할 때 나는 상대 패가 다 읽히고, 상대는 내 패를 하나도 모른다면? 백전백승이죠. 그게 바로 군주의 통치술입니다.

그러려면 군주는 평소 자신이 좋아하는 것을 드러내면 안 됩니다. 좋아하는 것을 드러내면 그 좋아하는 것을 따라하려는 신하와 백성들이 많아지기 때문입니다. 그래서 짐짓 실제로 좋아하지 않는데도 좋아하는 척하는 간신배들이 생기지요. 군주는 자신이 싫어하는 것을 말해도 안 됩니다. 군주가 싫어하는 것을 알게 되면, 신하들이 서로를 모함할 수 있기 때문입니다. 군주도 간신배에게 휘둘려 잘못 판단할 수 있지요. 오히려 군주가 뭘 좋아하는지, 뭘 싫어하는지 몰라야 공평하게 법에 의해 운영되는 사회가 됩니다. 능력에 의해서 인재가 발탁되고, 법에 의해 상을 받고 법에 의해 승진하고, 법에 의해서 처벌받고 법에 의해서 잘리는 시스템이 되면, 임금은 그 법이 잘 굴러가는 것을 보기만 하면 되는 거예요.

진정한 군주는 아무것도 하지 않습니다. 그 자리에 앉아 지켜볼 뿐이죠. 그런데 군주가 정책을 열심히 내고 부지런하다면, 한비자가 보기엔 하급 군주일 겁니다. 군주가 아무리 열심히 해도 천하의 사람들이 할 일을 자신이 전부 할 수는 없겠지요. 그러다 보면 군주의 결함이 반드시 드러납니다. 결함이 드러나면 사람들은 군주를 우습게 봅니다. 그러니 하지 말라는 것입니다. 나서서 하지 말고, 다방면에서 훨씬 뛰어난 신하들을 골고루 잘 발탁하는 것, 그것이 군주의 임무라는 말입니다. 대신 군주는 항상 두 자루의 칼을 쥐고 있어야 하는 거죠. 잘하면 상을, 못하면 벌을 줄 수 있는 무소불위의 권력을요. 그게 한비자가 노자를 읽으면서 배운 '하지 않음으로 다스리는〔無爲之治〕' 방법입니다. 한비자는 노자를 철저하게 제왕학적으로 해석해요. 군주야말로 노자 철학을 자기의 통치 이념으로 삼아 다스려야 한다는 게 한비자의 생각이었습니다.

마키아벨리도 《군주론》에서 같은 맥락의 이야기를 언급합니다.

"군주는 위에서 언급한 모든 성품을 실제로 갖출 필요는 없지만, 갖춘 것처럼 보이는 것은 반드시 필요합니다."

군주는 이 세상 사람들이 요구하는 뛰어나다, 용감하다, 씩씩하다, 지혜롭다 하는 성품들을 실제로 갖출 필요는 없지만 마치 가지고 있는 것처럼 보이는 건 반드시 필요하다는 거예요. 실제로 뛰어나고 용맹스럽고 똑똑할 필요는 없어요. 만약에 그러한 성품을 갖추었다면 금상첨화겠지만 말입니다. 그런 성품을 갖추고 있지 않더라도 갖춘 척은 할 수 있어야 한다는 말이지요. 능력이 없어도 짐짓 그런 척할 수 있는 사자의 배짱이 필요합니다. 그래야 일에 추진력을 갖게 되겠죠.

법가의 명과 암

마키아벨리건 한비자건 그들의 사상은 철저하게 군주를 위한 것이지 백성을 염두에 둔 것은 아니었습니다. 그들의 학문적 목표는 군주에게 절대 권력을 주는 것, 군주가 절대 권력을 갖는 것이었습니다. 백성은 하나의 수단에 불과했습니다. 우연히 그 결과가 국민들에게 도움이 될 수도 있겠지요. 하지만 그 과정에서 어마어마한 피해를 입는 것은 국민인데, 그것조차도 염두에 두지 않고 강력한 군주가 등장해 이탈리아를 통일시키기를 바라기만 했습니다. 마키아벨리는 말년에 공화주의자로 자신의 입장을 선회했어요. 공화주의자들은 기본적으로 절대 권력을 반대하는 사람이지요. 하지만 《군주론》을 쓸 때에는 이탈리아에 통일을 가져올 강력한 군주 체제를 주장합니다. 참 아이러니가 아닐 수 없지요.

마키아벨리와 한비자가 그러하듯이 절대군주 체제를 바라는 것은 자칫 잘못하면 오늘날 우리 사회에서 전제 독재를 합리화시킬 수 있는 이데올로기로 작동할 수 있습니다. 때문에 군주론 중심의 법가 사상을 오늘날 그대로 적용하는 것은 매우 위험한 사고라고 할 수 있지요.

한편으로 백성들을 윤리적 대상으로 판단하는 것이 아니라 욕망의 주체로 파악했다는 점은, 종교나 윤리가 지배하고 있었던 당대를 감안해보면 참으로 선진적인 인식입니다. 심지어 군주조차도 윤리적 주체가 아니고, 일반인보다 더 뛰어난 존재가 아니라고 판단하면서 지도자를 우상화하지 않고 객관적으로 접근했다는 것도 뛰어난 지점이지요.

사실 정치 영역에서 종교나 윤리가 크게 작동할 경우, 현실을 그대로 보지 못하고 왜곡된 형태로 보는 잘못을 범하기가 쉽습니다. 생물학적으로 별 차이가 없는 인간 사이에 차별의 굴레를 덮어씌우는 데 종교나 윤리만큼 크게 위력을 행사하는 것도 없으니까요. 사상이나 종교가 다르다고, 출신 지역이나 학력이 다르다고, 성별이 다르다고, 국적이 다르다고, 취향이 다르다고 억압하는 것만큼 어리석은 일은 없지요.

사회 정의라고 하는 것도 어느 신분의 차원에서 보느냐에 따라 전혀 다른 관점을 발견할 수 있습니다. 자본가의 입장에서 보면 직원을 마음대로 해고하고 회사를 살리는 것이 정의라고 말할 수 있지만, 직원에 입장에서 보면 부당 해고로 고통받는 사람의 입장을 외면하고 자본의 논리만을 앞세우는 것은 부정의라고 말할 수 있잖아요. 자본가의 욕망만큼이나 노동자의 욕망도 정의로울 수 있다는 것을 인정하는 것이 바로 평등 사회이고, 법치는 그러한 평등사상을 강화하는 데 기여할 수 있지요.

법이라고 하는 것이 모든 사람에게 평등하게 적용될 수 있다는 점, 재벌이건 거지건 똑같은 죄를 저지르면 똑같이 처벌을 받아야 한다는 원칙을 끝끝내 지킬 수 있었던 고집, 왕자조차도 똑같이 처벌하는 그 정신은 오늘날 우리에게도 계승되어야 한다고 봅니다. 법이 만들어지면 그 법은 정치 지도자보다 위에 있어야 해요. 그래서 법인 겁니다. 법은 넘어설 수 있는 것이 아니라 그 밑에서 살아가야 할 토대입니다.

우리나라는 법치 국가입니다. 법치 국가란 법이 다스리는 사회를 말하지요. 그런데 잘사는 사람은 법망을 피해가고 가난한 사람만 조금만 잘못해도 엄청나게 벌을 받아야만 하는 법이라면 법이 사람을 다스리는 것이 아니라 법 위에 법을 이용하는 더 강한 사람이 있다는 뜻입니다. 그런 나라는 법치 국가가 아니라 약한 자를 억누르는 도구로 삼는 독재 국가가 될 가능성이 많지요. 이것은 원래 법가 사상가들이 바랐던 법이 아닙니다. 원래 법가 사상가들은 가진 자, 귀족들을 어떻게 하면 견제할 것인가를 출발 지점으로 삼았거든요.

법 앞에서 평등은 욕망의 평등이고, 정의의 평등입니다. 가진 자의 욕망만 허용되고, 못 가진 자의 욕망은 허용되지 않는 것은 법치의 정신을 위배하는 것이지요. 마찬가지로 가진 자의 정의만이 넘쳐나고, 못 가진 자의 정의는 외면되는 세상은 정의롭지 못한 사회인 것이지요.

헌법 제1조에는 "대한민국은 민주공화국이다. 대한민국의 주권은 국민에게 있고, 모든 권력은 국민으로부터 나온다."라고 명시되어 있습니다. 그런 의미에서 민주주의 사회의 군주는 통치자가 아니라 국민입니다. 군주인 국민들은 집단 지성과 집단적 힘으로 자신의 군주권을 행사하여야 합니다.

무법(無法)과 탈법(脫法)과 초법(超法)이 난무하는 오늘날, 대한민국의 군주로서 한비자가 쥐어준 칼춤이라도 추어야겠다는 생각이 간절합니다. 온갖 비리와 부정부패를 끊어버리고 정의로운 사회를 만들려는 칼춤 말입니다. 마지막으로 동학 지도자 수운 최제우 선생의 '칼 노래'를 들려드리면서 이야기를 마치겠습니다.

시호(時乎)시호(時乎) 이내 시호(時乎)

부재래지(不再來之) 시호(時乎)로다

만세일지(萬世一之) 장부(丈夫)로서

오만연지(伍萬年之) 시호(時乎)로다

용천검(龍泉劒) 드는 칼을

아니 쓰고 무엇 하리

무수장삼(無袖長衫) 떨쳐 입고

이칼 저칼 넌즛 들어

호호망망(浩浩茫茫) 넓은 천지

일신(一身)으로 비켜서서

칼 노래 한 곡조를

시호(時乎)시호(時乎) 불러 내니

용천검(龍泉劒) 날랜 칼은

일월(日月)을 희롱하고

게으른 무수장삼(無袖長衫)

우주(宇宙)에 덮여 있네

만고명장(萬古名將) 어데 있나

장부당전(丈夫當前) 무장사(無壯士)라

좋을 씨구 좋을 씨고

이내 신명(身命) 좋을 씨고